宅族经济

撼动万亿市场的新消费群体

新·オタク経済

［日］原田曜平 ◎ 著

杨雅虹 ◎ 译

人民东方出版传媒
People's Oriental Publishing & Media
东方出版社
The Oriental Press

宅生活，可以是一种更好的创业

新媒体、新经济正在重塑这个世界，年轻人会不会因此变得更加"孤宅"？

日本社会早就创造了很多新词语，比如"食草男""御宅族"，用于描述年轻人的一种"孤宅"的生活方式——"借助网络，一个人自给自足"。

日本有"御宅族一亿人"的说法，"宅经济"粗略计算可以驱动 3 兆日元市场的大变动。

中日两国一衣带水、文化接近，理解世界、应对变化的方式也颇有相似之处。即使是年轻一代，在互联网的虚拟世界中也有很多精神共振。

2017 年，美团外卖服务了 1.3 亿"孤宅"人群；2018 年，国内的游戏总用户规模达到了 6.26 亿，网络游戏是排解孤独的重要方式，其中"孤宅"用户贡献了一大半销售额；2019 年，天猫"双 11"最受欢迎的进口商品，既不是婴幼儿奶粉，也不是高科技产品，而是进口猫粮。

国内年轻人非常享受移动支付、移动社交便利下的"孤乐主义"生活，国内电商平台、红人（带货）主播敏感地捕捉需求，推荐一人食、一人租、一人旅行、一人火锅以及迷你小家电、自助唱吧等。

这种"孤宅的乐活模式"，既是一种生活方式，也是一种经济和创新动力。中日两国很多一流的红人主播、宠物医生、心理咨询师，原本就是"宅男""宅女"。

下面具体探讨两个问题：

第一，为什么"御宅族"在中日两国都会是一种经济动力？

第二，"宅经济"如何驱动未来的商业和科技创新？

在当今的技术和商业生态下，年轻一代可以拥有很多宅起来的"创业机会"。

一、为什么"御宅族"在中日两国都会是一种经济动力？

日本矢野经济研究所的研究数据显示：御宅族的市场规模在 2007 年为 3 597 亿日元，2010 年为 7 736 亿日元，2011 年为 8 920 亿日元，而 2013 年则增长到 10 005 亿日元。【注意：日本 GDP（国内生产总值）规模在最近 20 年几乎没有增长。】

在日本的 GDP 结构中，消费占比在 20 年前就超过了 60%。而在日本消费市场中，"御宅族"消费占比每隔几年就增长一倍。

中国"御宅族"的经济影响力也十分惊人：

1）民政部发布的《2018年民政事业发展统计公报》显示：国内的单身成年人规模超过2亿，其中有超过7 700万独居成年人。哪怕取其中一半作为市场基数，假设月人均消费3 000元，这个市场的规模也将超过3万亿元。

2）阿里电商数据显示，中国"孤宅"人群多从事高薪职业，这些人不仅具有较高的消费能力，而且他们的消费观念也更加开放，他们的消费行为也更加果决。也就是说，他们有钱又有闲，出手对自己够狠。目前，仅国内宠物市场的消费规模就接近2 000亿人民币，涉及7 000万宠物用户，而且均匀分布在"70后""80后""90后""00后"中。这表明这类消费倾向的普遍性。

……

互联网带来的交易繁荣（移动电商）和无边界社交（移动社交），使个体越来越不需要家庭、家族的支持。越是生活在现代都市，"孤宅"越是没有障碍。叫外卖、叫车、叫家政，甚至转账、买保险，他们都可以通过轻松点击解决问题。他们哪怕感觉"没有爱了，需要陪伴"，通过养一条狗就可以得到温暖。

"御宅族""孤乐族"在中日两国所占的比例越来越高，这不仅代表着一种生活理念的崛起，而且这种理念改变着社会结构，进而深刻影响着消费市场，以及人们的思维方式、生活体验等方面。

中日两国的年轻"宅"世代，作为时尚和消费潮流的引导者，拥有很多共同点，比如，更加追求个性，注重个人感受；晚婚或者不婚，崇尚自由；社交至上，品牌信任只会在小圈层当中产生；特别愿意花钱在自己关注的事物上，尤其是养花、养宠物；对喜欢的事物容易形成刚性需求，比如 3 000 多元的游戏耳机和 Airpods（无线耳机）。这些都是"宅生活"的典型特征。

中日两国年轻消费者的忠诚度都很高，消费能力和复购率都很强，这也催生了很多不错的生意——哪怕他们在整个社会中都只能算小众群体。他们往往沉迷于亚文化小圈子，比如动画、漫画、游戏等。

消费品牌迫切需要学会跟"御宅族"进行沟通，而"红人IP"就提供了一种高效的沟通方式。甚至可以说，品牌与"孤宅"消费者高效沟通的最大公约数就是红人，红人借助新媒体，创造了很多非常好的精致的消费场景，刺激了新消费循环。

二、"宅经济"如何驱动未来的商业和科技创新？

"宅经济"的本质是消费驱动型经济，可能代表着部分未来的现实。

观察电影《头号玩家》当中的生活场景，你只要戴上 VR（虚拟现实）设备就可以进入一个叫"绿洲"的虚拟宇宙，在那里人们除了吃、喝、拉、撒、睡，其他所有重要的事情（包括学习、上班、购物、旅游、恋爱、结婚等），都可以在游戏场景中进行，这里面的场景与现实世界几乎没有区别。

"孤宅"，反而更像未来。宅起来，就够了。互联网的基础设施，似乎就是"宅经济"的基础设施。

现实中的"宅经济"不同于《头号玩家》之处，在于这件事情不是一家公司、一个平台、一个天才所能主导的，而是由众多大型网络平台共同构建的一个商业生态。

这个商业生态包括远程办公、网购电商、社交社区、资讯服务、外卖生活、娱乐视频、网络游戏、在线教育、金融理财……

任何传统生意都可以用"宅经济"的基础设施重构，其中的创业机会无穷无尽。

上述只是"器物"层面的条件，"心理"层面的洞察更加重要。

这里列举一些数据：美国在20世纪60年代只有4 000名心理咨询专家，到70年代，美国进入"万元美元社会"，社会普遍出现了心理亚健康问题，由此美国开启了心理咨询的职业化进程。至今，美国的心理咨询专家有12.5万人，平均年薪是8.7万美元，比美国平均薪资水平高66%。与此同时，美国纽约（还有很多欧洲国家，比如瑞典、意大利）"孤宅"家庭的比例迅速增长，已经接近50%，远超30年前的水平。

以欧美国家的数据看来，"宅经济"时代的心理舒适是一个巨大的高利润行业。

在亚洲地区，中国的进口商品榜中排名第一的是猫粮（超过婴儿奶粉），日本的"御宅族"消费占比每隔几年增长一倍，两国人民深层的心理动力不是很清楚吗?

现代人似乎有一种宿命:越现代,越"孤宅"。现代人每天白天四处奔忙,表现出坚强的一面,但在更多时候,是万家灯火亮起,人们更期待一个人宅起来,回归自己的内心。

其实,大家都一样。你真正读懂自己,其实就代表着你已经读懂了一个小世界。

我向读者朋友推荐这本书,是希望提供一个新的角度审视我们所处时代的变化,以及变"宅"的年轻一代在未来的创新经济中所扮演的角色。看懂年轻世代的生活方式,把握时间的轨迹,读懂现代人心中的微妙需求,"宅经济"时代也是你大有可为的时代。

李檬

IMS 新媒体商业集团创始人兼首席执行官

湖畔大学二期学员

中国最早的社交媒体营销提出人、奠基人之一

编辑导读

　　宅族从开始指代那些沉溺于动画、漫画以及电子游戏的人，发展到现在成为对某种文化或知识有深入了解的人的代名词，这种社会群体的扩大和延展，是文化的融合。这种融合和蔓延，也是必然会发生的，因为在互联网时代，宅族总是充当着文化潮流引领者的角色。与此同时，这也凸现出大众消费需求的转变趋势。由相同的兴趣爱好、知识、文化而聚集起来的宅族，从商业角度来看，带来的将是稳定且持续的消费力。宅族逐渐成为消费的主角。

　　说到宅文化，自然离不开日本这一发源地，从1983年，社会评论分析者中森明夫初次正式使用おたく来称呼这个族群，到今天，日本的宅族已经发生了很大的变化，不仅人数越来越多，几乎是"宅族一亿人"的壮观景象，而且购买力与日俱增，消费规模不断刷新历史纪录。在日本，从2015年开始，就经常看到御宅族颠覆经济的新闻，据估计，日本御宅族的实际市场规模有3万亿日元左右。本书不仅指出了现在日本宅族的特点，还对日本市场针对宅族的商业服务模式进行了描述和总结，这对中国读者来说，不仅新鲜有趣，对中国的商业人士来说也会有一些启发。

目　录

第四章　未来御宅市场的商品和服务

第五章　对话当代年轻御宅族

前言
御宅市场方兴未艾

最近，日本某电视台邀请我对大额消费的御宅族的恐吓事件，也就是所谓的"御宅族杀手"发表自己的看法，以下是当时采访的内容。

主持人：现在的年轻御宅族还是为了能够大量购买手办，而经常随身携带大量现金吗？

原田曜平：我想确实还有那样的人。但我认为与传统御宅族相比，现在被称为"达观世代"的年轻人，整体上越来越少有人把钱花在这些物品上。

主持人：这些年轻御宅族仍是由于社交能力比较差才更容易被盯上的吗？

原田曜平：我想也有那样的人。但我认为无论是不是御宅族，现在的年轻人都是伴随着社交媒体成长的，与传统御宅族相比，他们能够交到更多朋友，社交能力也在变得更强。

主持人：现在还有很多"只穿格子衫"、对时尚毫无兴趣的年轻御宅族吗？

原田曜平：虽然也有那样的人，但我认为只会装扮成"御宅族模样"的年轻御宅族的人数正在减少。

大概电视台的编导希望我能按照大众对御宅族固有的印象来回答主持人的问题，但是我一贯主张年轻御宅族与传统御宅族相比已经不同了，因此，我们的谈话无法达成默契。

果然不出所料，在之后播出的节目中，我的观点几乎都被剪辑掉了。

在节目中，穿着格子衫、背着双肩包的御宅族被当作"御宅族中的年轻人"接受了记者的街头采访。但是受访对象的脸被打上了马赛克，虽然我不能断言，但我仍然认为这些采访对象并非年轻人而是中年御宅族。

借这个契机，我决意要出一本关于当代年轻御宅族的书。电视台那次节目的采访，使我意识到大众眼中的御宅族形象与当代年轻御宅族的真实形象存在很大偏离。这种偏离主要体现在以下两点：

① 当代年轻御宅族中几乎找不到与"画中的御宅族"一样装扮的人。

② 御宅族个人消费金额在减少，但御宅族整体市场却在扩大。

①中所说的"画中的御宅族"形象，是指被称为"秋叶原系"外表打扮的人。这只是大众对御宅族的一种印象：他们穿着格子衫，背着大双肩背包，戴着看起来并不时髦的眼镜，整个人看起来胖乎乎的，说起话来语速很快且喋喋不休……然而，在年轻御宅族中，我们几乎看不到如此典型打扮的人。

②的观点有数据可供参考。2004 年，野村综合研究所曾统计过御宅族在动漫领域的人均年消费总额为 10 万日元；与之相比，2013 年，矢野经济研究所的调查显示，御宅族的人均年消费总额约为 2.5 万日元（见表 1）。虽然调查机构不同，统计数据不能直接做比较，但是在近十年的时间里，御宅族在动漫上的消费支出减少了约 3/4，这难道不能表明御宅族正在变得越来越多元化吗？

大众对御宅族的印象曾经是，他们把大部分可支配收入用于购买动画 DVD(数字通用光盘)、玩偶手办等；而现在的年轻御宅族在这些个人爱好上花的钱越来越少。

表 1　御宅族人均年消费总额的变化

调查年份 ＼ 消费领域	2004 年[1]（日元）	2013 年[2]（日元）	2013 年与 2004 年相比[3]
动画	100 000	25 096	25% ↓
偶像	75 000	94 738	126% ↑
漫画	100 000	15 694	15% ↓
游戏	100 000	80 361（成人游戏：41 877；线上游戏：25 286；恋爱游戏：13 198）	80% ↓

注：①数据来源于野村综合研究所。
②数据来源于矢野经济研究所。
③省略小数位。

　　另外，矢野经济研究所的研究数据经常被各大报纸引用，其公开的数据显示，御宅族的市场规模在 2007 年为 3 597 亿日元，2010 年为 7 736 亿日元，2011 年为 8 920 亿日元，而 2013 年则增长到 10 005 亿日元。另外，虽然调查机构不同，数据无法做直接比较，但作为参考，野村综合研究所 2004 年公布的御宅族的市场规模为 2 600 亿日元。由此，我们不妨得出"御宅族的市场规模十年间增长了近 4 倍"的结论。

　　同时需要说明的是，2013 年公布的价值"10 005 亿日元"的规模，仅涵盖由矢野经济研究所调研的动画、漫画、游戏等具有代表性的 16 个御宅族消费项目。然而我个人认为，御宅族消费的项目还应该包括 K-POP（韩国流行音乐）、宝冢歌剧、音频系统等。由此推断，我认为日本御宅族的实际市场规模应该在 3 万亿日元左右，是之前公布数据的近 3 倍（推论过程见下文）。

仅 2015 年，我们就能常常看到有关御宅族拓展的消费领域正在颠覆经济的新闻。

2015 年 1 月发行的《刀剑乱舞》是有关日本刀剑拟人化的"刀剑男士"成长历程的网页游戏。这部游戏在女性用户中收获了很高的人气，由此派生出了对真实刀剑感兴趣的"刀女子"。这个现象也被各大媒体争相报道。

2015 年 6 月 13 日，本书提到的动画片《爱，活着！》(*Love Live!*) 的剧场版《爱，活着！学校偶像电影》(*Love Live! The School Idol Movie*) 上映。电影上映首日的票房就跃居第一位，上映首日及次日的票房总额高达 4 亿日元。票房排名第二的是与其同日上映的《海街日记》，这部影片是一部日本大制作电影，曾登上戛纳国际电影节，由绫濑遥、长泽雅美等日本知名女演员出演。然而，受众多御宅族追捧的《爱，活着！学校偶像电影》的票房竟然超过了这样一部大制作的主流电影，因此不少媒体人评论它"超越了日本主流电影"。

现在，我们越来越难看到印象中典型御宅族装扮的人。虽然御宅族的人均消费金额逐渐减少，但御宅族的整体市场规模却在扩大。这说明当代年轻御宅族与传统御宅族相比已经发生了明显变化。本书的目的正是要反映当代年轻御宅族的真实状态，并解开御宅族经济变化的谜题。

　　为何"画中的御宅族"形象在现实生活中变得越来越少？什么样的人群支撑着御宅市场的增长？当今年轻群体的购物欲减退、消费低迷，那么他们真正想要的商品和服务到底是什么？15 年米，我对超过 100 名年轻御宅族展开了调查，并得出了本书的结论。希望读者能够仔细品读，本人将不胜荣幸。

原田曜平

序言
"现充宅"的诞生

御宅族新生代:"现充宅"与"伪宅"

大家看到"御宅族"这个词后能想到什么?

媒体对御宅族形象的报道大概可以归纳为:"对某个领域异常了解""看起来像文化人又有点儿忧郁""喜欢宅在家里,不擅长运动""不善交际""服装、发型随意""缺乏与异性交往的经验",等等。

但是,这些描述其实都已经过时了,或者说是 21 世纪前的御宅族形象。现在,越来越多十几岁到二十几岁的年轻人正在脱离这种被媒体标签化的御宅族形象,从而形成了御宅族的新生代,即"现充宅"(现实生活充实的人,尤其是那些交友广泛、擅长谈恋爱的人）。

例如，某位男士，现就职于某广告公司，24 岁，曾在初中、高中时参加过学校的网球部，在大学时也曾担任校际联赛网球社团的干部，人际交往能力很强；而且他还对动漫和成人游戏（18 岁以下禁玩的成人电脑游戏）非常着迷。他的房间里堆放着各种他喜欢的成人游戏周边产品，比如印有游戏中女主角形象的抱枕、床单等。他曾交过许多女朋友，她们的穿衣打扮都非常时尚。你在跟他交谈时也能感觉到他优秀的社交能力。他的朋友们并不都是御宅族，还有温和的叛逆青年以及"现实充"系的非御宅族。总之，他人际关系网非常广泛。

某位女士，刚就职于某证券公司不到一年，22 岁，是一位能把早安家族①全体成员的名字，甚至研修生的名字都背下来的超级"偶像宅"。她在大学时曾参加舞蹈社团，还参加过许多像"豪车女子会"②这样的光鲜亮丽的活动。她能熟练使用 SNS（社交网络软件），有帅气的男朋友，毕业旅行去了新加坡。与部分女性御宅族追求的"腐女"路线完全不同，她拥有超高的"女子力"。

除此之外，一些女士外表时尚，常常出入时尚咖啡厅和俱乐部，参加野外音乐节，并喜欢在照片墙（instagram）上发布一些现实充式的生活照片，但实际上却迷恋漫画，属于"漫画宅"；

---

① 早安家族，Hello! Project，日本经纪公司 UP-FRONT AGENCY 旗下的日本女子流行歌曲偶像或歌手的总称。早安少女组等也属于这个团体。
② 豪车女子会，是指一些大学女生租借豪车，在车内开女子聚会。

一些男士参加相当激烈的足球俱乐部，属于体育系御宅族；还有一些御宅族每个月将钱花在与御宅活动无关的衣服、名牌配饰、运动鞋等上面，现在他们的人数也绝不在少数。

我把像他们这样既有良好社交能力，有很多非御宅族的朋友，又会像其他人一样谈恋爱，看起来和普通年轻的"现实充"没有差别的年轻御宅族命名为"现充宅"。本书将为大家解读为何在当代会出现现充宅，以及为何现充宅的人数越来越多。

一直以来，媒体将"现实充"和"御宅族"两个概念对立起来。因此，可能会有一些人对类似"现充宅"这样的新词产生违和感。

但是，像人气模特市川纱椰这样的御宅族美人也受到媒体的热捧，而在过去，媒体是不会报道像她这样的御宅族的。她一边活跃在《SWEET》《MORE》《BAILA》等时尚杂志上，一边又在朝日电视台的深夜节目《塔摩利俱乐部》上展示她所热爱的铁路知识，并且积极地表现自己对动漫和相扑的兴趣，她把"兼顾"这两种形象当作自己的武器（见图1）。

除此之外还有中川翔子、栗山千明、加藤夏希等也都积极地展示自己的御宅族特征，实现了御宅族与美艳的兼顾。

也许是受她们的影响，御宅族特征逐渐转变，展现出与以往魅力不同的一面。这可能让一些年龄较大的人感到相当惊讶，但是越来越多的年轻人正在主动地以御宅族自居，并且不会因此而感到不安或羞愧。

图 1　市川纱椰

20 世纪 90 年代，在学校或职场公开宣称"我是御宅族"，是一件需要足够勇气的事情。这是因为在那个年代，你如果宣称自己是御宅族，就很可能被非御宅族，也就是普通大众排挤。这也许是受到了宫崎勤事件的影响，1988—1989 年，日本东京都和埼玉县发生连环幼女诱拐杀人案，凶手宫崎勤最终被处以死刑，并且在人们心中留下了"动漫宅＝萝莉控"的印象。

到 2015 年，至少在年轻人中间，御宅族已经不会让人产生曾经的那种需要避讳的印象了。甚至越来越多的人即使对某领域并非十分了解，也会为了让周围的人认为自己是御宅族而公开说"我是××宅"。

　　为什么喜欢说自己是御宅族的年轻人越来越多了呢？因为御宅族可以为自己的个性特征增添色彩，而且可以作为一种社交工具。例如，艺人经常明明对某部动漫作品并不了解，却会说"我一直都很喜欢 ××（动漫作品等）……"，并因此获邀参加以该作品为主题的谈话节目。由此，作品获得了人气，艺人也得到了媒体的关注。类似的事情也正发生在普通年轻人中间。我在本书中给这样的人命名为"伪宅"。与现充宅一样，我们也要探究他们的生活状态和出现的原因。

御宅族的随意化与普遍化

　　与从前相比，"御宅族"这个词的含义已经变得相当随意，可以说随意化已成为最新趋势。

　　我的调查结果表明，"自称宅"的人数远超想象，这不禁令人吃惊。在最初的会议上，我们听取了博报堂品牌设计研究所（若者研）[1] 内的 20 岁左右的成员的意见，他们做了这样的发言：

---

① 　博报堂品牌设计研究所（若者研），是本书作者原田曜平领导的组织，从事年轻人的消费行为、生活方式的研究。该组织接受企业的委托，以年轻人市场为中心，开发面向年轻人的商品，并构建年轻人沟通战略。年轻人的需求超乎成年人的想象，因此若者研常年拥有 300 名以上常驻调查员，他们的年龄介于高中生到 20 多岁成年人之间，这也是若者研的特征。与他们一起调研、策划，将年轻人的需求落实到商品战略，这就是原田曜平的工作。该组织的日语名称简称为"若者研"。

"大学同学中二三成都是御宅族""也许有近一半人都是御宅族"。当时，我觉得很惊讶——这人数也太多了吧！但是在展开调查之后我们发现事实确实如此。

如果问一个自称"我是动漫宅"的年轻人他喜欢的动漫作品有哪些，你就会惊讶于他能回答出的动漫作品数量很少，并且几乎都是一些当下正在流行的动漫。他们即使对某部作品非常熟悉，对其他很多动漫作品也几乎完全不了解。调查开始后，我们发现了很多这样的例子。

在这次调查中，无论男女，都常常在"自己喜欢的动漫作品"这一项中提到《爱，活着！》。这是一部在 2013 年到 2014 年间播出的电视动画，也是一部超人气作品，并延伸至游戏等多种媒介（见图 2）。我们发现，现在越来越多的年轻人，就算仅仅喜欢这样一部当红的动漫作品，也会大声宣称自己是"动漫宅"。

你如果继续问"你在自己喜欢的《爱，活着！》上花费了多少时间和金钱呢"，你得到的答案可能是他们仅仅在电视上免费看了一遍作品，完全没有在与之相关的周边产品、DVD、蓝光光碟上花过钱。

那些曾经即使花光自己的积蓄也要力捧自己喜欢的作品的御宅族，如果听到这样的回答一定会发怒吧？

但即使这样，他们仍坚称"我是动漫宅""《爱，活着！》宅"，并且绝不让步。同样地，一些人仅仅看过《海贼王》等人气动漫作品，就坚称"自己是漫画宅"；一些人仅仅喜欢某位 K-POP 偶像，就自称"K-POP 宅"。

对自己爱好的支出方式、消费金额等通常都会因人而异，但在大叔级御宅族看来，"这种消费程度的人不配做御宅族"，尽管这样的人越来越多。

现实却是在现在的年轻人中间，"御宅族"这个词语被他们越来越随意地使用。御宅族的意思似乎正在向"粉丝"靠近。

图 2 电影《爱，活着！》热映
（此部电影海报被张贴于位于日本东京都新宿的电影院内）

温和的叛逆青年与"轻宅族"

"御宅族"这个词的出处虽然众说纷纭，但是大部分人认为它来源于专栏作家、编辑中森明夫先生对 1983 年参加同人志即卖会的群体的统称。

当时甚至其后 20 多年，在媒体的报道中，"御宅族"这个词都包含着蔑视的意味，指对动画片、游戏、漫画这些亚文化①有极深研究的人。

但对于本书中所介绍的御宅族来说，"御宅族"一词中的蔑视意味已经相当淡薄，有的人甚至乐于使用御宅族自称。现在，新生或新社员在做自我介绍时会大方地说"我是××宅"，这已经不是什么新鲜事了。在唱卡拉 OK 时选择动画歌曲（动画插曲、主题歌等），已经越来越容易被接受。

这恐怕与现在的社会文化氛围不无关系，成年人也能大谈自己上小学时喜欢过的漫画了。如今，无论是在职场还是其他任何场合，三四十岁的男人们热烈地谈论着《金肉人》《龙珠》或者《JoJo 的奇妙冒险》这些 20 世纪八九十年代流行的漫画作品。这并不稀奇。

30 岁左右的女性也是如此。她们仍然把少女漫画杂志《RIBON》《Nakayoshi》在 20 世纪 90 年代刊登的人气漫画作品作为消费对象，尽管她们已经把这些杂志都读烂了。例如 2015 年，《RIBON》在创刊 60 周年之际，重温了 90 年代的人气作品，或者将与这些经典作品有关的明信片附在杂志中，从而引发了 30

---

① 亚文化，相对于主流文化的下层文化，只在少数人群中流行。

岁左右女性的疯狂购买。

另外，御宅族涉猎的对象已经不再仅停留在过去的亚文化领域。我们的调查对象中也有一些自称是"迪士尼动画电影宅"、"迪士尼乐园宅"或"年轻男演员宅"的御宅族。我们都清楚迪士尼和电视剧男演员都不能被归到亚文化，因为他们都与亚文化定义中的"只在少数人中流行"相去甚远，比如，受无数日本家庭喜爱，在日本国内创下了250亿日元票房的迪士尼动画电影《冰雪奇缘》；具有日本国民超高人气的迪士尼主题乐园；出演了许多高收视率电视剧的男演员。

我们必须明白当今御宅族的定义，已经完全不同于这个词语刚出现时的含义了。

社会评论家、动画制作公司 GAINAX 的创始人之一冈田斗司先生，受到了我的专著《叛逆青年经济：消费的主角与新保守阶层的真面目》（幻冬社出版）的影响，在杂志《中央公论》2014 年 10 月刊的采访中指出："如同叛逆青年已经转变为温和的叛逆青年一样，御宅族也已经转变为'温和的御宅族'"，"就像叛逆青年已经不必再去砸学校的玻璃窗户那样，御宅族也已经不再受到社会的迫害"。

我在本书中聚焦"温和的叛逆青年"，分析他们的消费倾向（"温和的叛逆青年"被选入 2014 年日本新流行语）。他们在某些方面非常节俭，但又会出于对朋友和家人的责任感和对家乡的依恋，或者为了在朋友们中炫耀，而不惜花重金购买内饰豪华的面包车，等等。

就像本书中所提到的那样，对与传统御宅族完全不同的年轻御宅族，即冈田斗司先生所说的"温和的御宅族"进行调查，也是本书的目的之一。

御宅族是文化潮流引领者

近来，受少子化以及"年轻人的××疏离"的说法影响，"无法把商品卖给年轻人""年轻人都不花钱"的认知已经完全渗透到了消费市场中。

经济持续不景气，可支配收入不断减少，人们对未来越来越感到不安，使得年轻人勒紧了钱包。虽然这种说法从宏观角度来看有些道理，但从微观角度来看它与事实并不完全相符。

诚然，与20世纪八九十年代的年轻人相比，现在的年轻人越来越舍不得花钱。无论是去海外旅行还是外出吃饭，或者在喝酒上，他们都是这样。然而，不同爱好群体的多样化需求正在蔓延至更大范围，这令大众营销犯难，却是当代年轻人消费市场的趋势。

御宅市场正在膨胀，且已达到历史上的最大规模。究其原因，正是"目前，不是御宅族的普通人正在转变为御宅族"，并且这个转变的速度超过了社会少子化的速度。

传统御宅族很可能会愤慨地说："那些随便的家伙算不上御宅族。"虽然从过去的御宅族定义来看年轻御宅族确实有些名不副实，但是随着自称"宅"的年轻人数量不断增加，御宅族的规模也持续扩大，而且毋庸置疑，这些新增的御宅族正在源源不断地投入时间和金钱。

在"御宅族一亿人"已经实现的当下，年轻御宅族站在了时代最前沿，或许我们也可以说他们是文化潮流的引领者。因此，我认为了解他们的想法与价值观，对日后预测年轻人消费市场，甚至未来日本整体市场发展非常重要。

本书共由五章组成。

第一章，介绍了传统御宅族与年轻御宅族的差异、御宅市场的现状，以及多样化的御宅族新生代。

第二章，概述了从 20 世纪 70 年代至今，御宅族发展的四个阶段。御宅族的变迁可以用一句话概括——"从知识到态度"，本章也会对这个观点进行详述。

第三章，结合案例，详细介绍了"现充宅""隐宅""伪宅"等御宅族新生代，并将它们添加进御宅族生态系统图谱中。

第四章，与若者研的年轻人一起探讨什么样的商品和服务能让年轻御宅族掏钱购买，并且提出了商业策略。我希望通过此章的内容可以让大家理解，如今广泛流行的"年轻人不花钱"的说法是一种抽象化的整体论。

第五章，收录了我们与 7 位年轻御宅族的座谈会上的内容。希望大家能够通过他们的真实想法理解年轻御宅族与传统御宅族有很大不同。

另外，本书整理了本次接受调查的 100 多名御宅族的资料信息，包括他们每个月的消费金额、SNS 使用情况等。通过这些资料，我们可以分析年轻御宅族的需求。

让我们来仔细探讨年轻御宅族的真实状态和消费倾向吧。

第一章

社交工具化的御宅族

大众媒体印象中的御宅族形象

曾经风靡一时的日本电视剧《电车男》为人们展示了一个鲜活的御宅族形象。2004 年 3 月，某位御宅族将自己的经历发布在网络论坛 "2 channel" 的单身男性版块。同年 10 月，他的投稿内容以书籍的形式出版，书名为《电车男》。这本书一时间成为日本畅销图书。

2005 年,《电车男》被改编为电影（山田孝之主演）和电视剧（伊藤淳史主演）。在电影和电视剧拍摄的过程中，山田孝之和伊藤淳史的衣着装扮、台词和行为表演，以及影视剧中对他们御宅族朋友的刻画，给大家留下了深刻印象。观众纷纷感叹："御宅族原来是这样啊！" 当时，御宅族的形象是 "性格忧郁、内向、社交能力弱、装扮随意。他们的房间里堆满了动漫人物的周边产品"。

不置可否，十年来，对御宅族并不了解的普通大众被束缚在由大众媒体所创造的御宅族形象中。直至今日，在以御宅族为话题的专题视频节目中，向观众呈现出来的御宅族形象仍然与影视剧《电车男》中的全无分别。至今年龄超过 30 岁的读者，对御宅族的印象可能仍然停留在山田孝之那个时代。

但是，从这次协助调查的若者研的成员（有御宅族也有非御宅族）的切身感受来看，这种御宅族的传统形象正在变得越来越模糊。据他们所言，他们同辈的御宅族中很少见到像"电车男"那样打扮的人，"格子衫、头巾、眼镜、大双肩包"，这些恐怕只是人们过去的幻想。他们的意见总结起来就是：

· "有不买东西的御宅族"；
· "有时尚的御宅族"；
· "有乐于表现的能动型御宅族"。

下面让我们来一一验证。

不买东西的御宅族

以动画为代表的影像派御宅族，以前会持有大量精装产品。所谓精装产品是指音乐 CD（小型镭射盘）或 DVD、蓝光光碟、书籍等收录了相关内容的媒介产品。CD 出现以前由黑胶唱片，DVD 出现前由 LD（镭射影碟）或 VHS（家用录像系统）充当这样的角色。

但是随着 IT 技术（互联网技术）的进步，任何人都能很容易地复制音乐数据，由此音乐 CD 的销量骤减。据日本唱片协会统计，直径 12 厘米的 CD 销量从 1998 年高峰期的 329 103 000 张开始持续减少，到 2014 年其销量仅剩下 170 353 000 张，骤减了近一半。

另外，自 21 世纪初以来，可以高清记录电视播放内容的数字视频录像机开始普及。特别是人们开始认为，电视动画"只要录下来刻在 DVD 上，就不需要再买精装产品了"。自 2003 年日本地面数字电视开播以来，由于电视实现了播放画质的高清化（HD，比 DVD 的画质更高），普通的动漫迷只要将电视上播放的动画片录制下来，就足够满足他们的需求了。

当然，也有一些影像特辑或作品的番外篇只通过精装产品发售，但除了部分"死忠粉"外，普通粉丝购买精装产品的动力正在减弱，这是不争的事实。

2005 年以来，像 Youtube 或者 niconico 动画这样的视频网站开始出现。包含了非法内容在内的大量视频被上传到这样的网站上，用户如果不在意画质的话，就可以免费观看大多数的动画作品。即使是曾经播放过的视频，用户也可以在这些网站上找到。

根据日本影像软件协会的统计，2014 年 DVD、蓝光光碟销售和出租总额为 22 992 300 万日元，仅占 2004 年销量巅峰时期（37 539 300 万日元）的六成，而且没有任何反弹迹象，甚至今后很可能持续减少（见图 1-1）。

除此之外，传统御宅族还会购买大量杂志单行本或漫画图书，作为动画作品的"资料"进行保存。

但是随着网络的发展，人们即使不特意去购买书刊，也可以轻松地在网上搜索并阅读动漫作品的详细信息——既有作品官网发布的信息，又有维基百科网站上的资料或者粉丝自建网站上的信息等。网络上的信息源不胜枚举。

因此，现在你如果喜欢上某部作品，即使不用花钱也可以接触到它，并充分地了解和研究它。

此外，你只要去漫画咖啡店就能随时阅读漫画书。年轻人通常只能住在狭小的房间里，因此"与其放一堆漫画书让房间变得更小，不如在想看它们的时候直接到漫画咖啡店"。拥有同样想法的年轻人在最近十年内大量增长。不仅漫画书，动漫周边和DVD也是一样的。越来越多的年轻御宅族认为，"这些商品无须拥有，或者即使拥有了它们，在该放弃的时候也要毫不犹豫"（见图1–2）。

当然，现在也有一些狂热的御宅族仍然会大量购买精装产品和漫画书籍，但可以肯定的是，这个比例与以前相比正在降低。

在调查中，我们也听取了所谓的大叔级御宅族的意见。著名动漫制作人高桥信之先生，出生于1957年，就职于生产动漫、游戏等御宅族系列内容的制作公司STUDIO HARD DELUXE；同时也是制作了《新世纪福音战士》的日本动画制作公司GAINAX的发起人之一。他属于"第一代御宅族"，具体情况我们将在第二章中介绍。

高桥信之说："在我们年轻的时候，信息是固定的，固定在书上或者固定在光盘上等。因此，我们最想住的地方是图书馆。我们那个时代的御宅族中，有些人的房间就像仓库一样堆满了物品，生活空间被大大侵占。然而，对于现在的年轻人来说，信息是流动的，是无止境的。推特就是一个很好的例子。"

当然，也有一些年轻御宅族把大量的视频或影像保存在大容量硬盘里；但反过来看，他们只对保存在硬盘里的东西感兴趣。

因此，高桥信之先生如此评价这些不再执着于物品的年轻御宅族："比起传统御宅族，当代年轻御宅族从精神层面来看可能是'成长了'。"这句话给我留下了深刻的印象。

被调查者每个月花费在媒介上的支出是多少？　（回答 55 人）

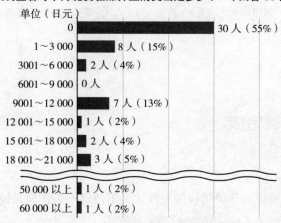

单位（日元）	
0	30 人（55%）
1～3 000	8 人（15%）
3001～6 000	2 人（4%）
6001～9 000	0 人
9001～12 000	7 人（13%）
12 001～15 000	1 人（2%）
15 001～18 000	2 人（4%）
18 001～21 000	3 人（5%）
50 000 以上	1 人（2%）
60 000 以上	1 人（2%）

图 1-1　当代御宅族的消费支出情况

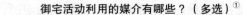
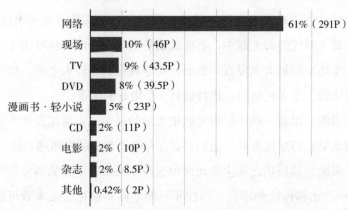

御宅活动利用的媒介有哪些？（多选）①

网络　　　　　　　　　61%（291P）
现场　　　　　10%（46P）
TV　　　　　9%（43.5P）
DVD　　　　8%（39.5P）
漫画书·轻小说　5%（23P）
CD　　　2%（11P）
电影　　2%（10P）
杂志　　2%（8.5P）
其他　0.42%（2P）

图1-2　御宅活动媒介

注：①可多选。按比例回答，并将比例换算成点数（P）。例如，选择了网络和TV，利用频率比例为8（网络）:2（TV），那么就计算为网络8P（点）、TV2P（点）。

时尚的御宅族

以上所述并非说年轻御宅族什么东西也不买，而是说他们的消费不再集中于御宅活动这一项。

当然，我们也要关注年轻御宅族的消费类型，但提到金钱的去向，我头脑中首先浮现出的是"时尚"二字。事实上，当代年轻御宅族有一个特征特别容易被人理解，那就是"与传统御宅族相比，他们更加追逐时尚"。

从他们上传到 SNS 上的头像，或者聚会、参加活动的照片来看，他们的打扮很时尚，与人们印象中的御宅族形象并不相符，越来越多的人单从外表来看是很难判断出他们的御宅族身份的。虽然仍有一些视觉系乐队的男士或甜美萝莉系的女士很容易被识别出他们的御宅族身份，但是也有不少御女型、软妹型的女士和发型整齐、戴着彩色眼镜的帅哥，一眼看上去让人无法识别他们是御宅族。

当然，也有一些年轻御宅族的打扮并不时尚，像前面提到的传统御宅族一样，"穿格子衫、戴头巾和眼镜、背大双肩包"。但从年轻御宅族整体来看，这个比例正在大幅降低。我们可以归纳为以下几个原因。

首先，在年轻御宅族中新生代的现充宅正在增多。他们具备很高的社交能力，人际关系广泛，与非御宅族朋友的交往也较多，这必然导致他们的时尚品位接近现实充。越来越多的人仅从外表装束来看，与参加社团活动的普通大学生毫无分别（实际上，参加社团活动的御宅族也很多）。

另外，一些人即使还算不上是现充宅，但是因为一部分人主张积极灵活地使用御宅族身份以展现个性，所以我们也可以认为，普通人"普通"的时尚品位拉高了御宅族整体的时尚品位。

他们就像普通的游客那样漫步在秋叶原，"秋叶原原住民"可能会发出"在秋叶原时尚的人越来越多了"这样的感叹。特别是对于男性御宅族来说，优衣库、GAP（盖璞）、H&M服饰等大众快销时尚品牌的普及也进一步提高了他们的时尚品位。

我的朋友中也有这样的人，从前即使男性御宅族年龄不小了，也还是穿着"母亲从超市买来的衣服"。很多御宅族并不知道买什么样的衣服合适，也不喜欢在商店里听店员推销。

但是，在现代快销服饰品牌专卖店里，商品都大同小异，人们不再需要时常翻阅时尚杂志，逛商店时也没有店员烦人的推销。即使不善于沟通的人也可以一步到位，轻松地以低价买到合适的商品。简而言之，现在你只要去这些知名时尚品牌的专卖店，哪怕闭着眼睛随意抓起一件衣服，并付款买下它，就不会让人感到这件衣服穿着很土气。

一方面，现在御宅族与偶像或声优面对面交流的活动越来越多。因为非常在意自己的偶像或者喜欢的声优，所以御宅族会不自觉地注意自己的仪容，希望给自己喜欢的偶像或声优留下好印象，这是任何人都会有的出于本心的行为，并不局限于御宅族。

另一方面，与以前相比，动漫中的人物角色也开始身穿现实感较强的时尚单品，这可能与御宅族时尚品位的提高有关。甚至社会上还出现了一些服饰土气的动漫人物被观众吐槽的现象。

特别是拥有很高人气的动漫角色，它们无论男女，都会成为cosplay（角色扮演）的对象。为了在现实中再现这些服饰单品，御宅族也需要提高自己的时尚品位。虽然 cosplay 并不完全体现日常生活中的时尚，但很可能会受到现实生活的影响。

我在调查中结识了一位 20 岁的御宅族女士 T 小姐（乙女游戏宅、动漫宅），她说了一段话也与此有关。她说："想与游戏中帅气的男性角色约会，因此想要变漂亮。"事实上，她是一位长相漂亮、非常时尚、身材高挑、像模特一样的美女。但只要她一开口，你就知道她是一个热衷于谈论喜欢的男性动漫角色，经常出入动漫商店的纯正御宅族。

若者研的年轻人也曾说过，"我有一个喜欢扮演御宅族的御宅族朋友"。他接着解释道："他是一个 18 岁的男生，他认为应该再现'传统御宅族'，因此特意戴着头巾、背着双肩包、拿着荧光棒去参加偶像的演唱会。"

对于当代年轻御宅族来说，传统御宅族的装束也许已经变成了一种象征符号。

乐于表现的能动型御宅族

近年来出现了一个新趋势，即一些御宅族不再被动接受，而转变为乐于表现的能动型御宅族。过去，很多御宅族都被称为"消费达人"。他们大量观看、研究、持有、谈论众多动漫周边，并以自己雄厚的财力和获取大量信息的能力为傲，正所谓"伟大的受众"。

但是，随着调查的深入，我们发现在年轻御宅族中喜欢积极发布原创内容、策划活动的能动型御宅族正在增多。他们的表现如下：

· 在 niconico 动画等视频网站上，上传自己唱歌或跳舞等表演视频。

· 在视频网站上分享使用初音未来等 VOCALOID（电子音乐制作语音合成软件）制作而成的原创音乐。（这些人也被称作"VOCALOID P"，P 代指 producer，即制作人。）

· 在 P 站（Pixiv，为插画艺术特化的社交网络服务网站）上投稿，发布插画。

· 作为 DJ（唱片骑师）在社团活动中播放以动画歌曲为主的音乐。

· 组建动画歌曲乐队，在学园祭等活动上表演。

可见，让曾经那些"内向型""室内派"的御宅族难以想象的事情正在增多。

当然，传统御宅族也有过自己"表现"的舞台，那就是以 Comic Market 为代表的同人志即卖会。这是漫画爱好者出让其二次创作作品，与同好之士进行交流的场所。第一届 Comic Market

于 1975 年举办，是一项有 40 年历史的文化活动。

　　然而，Comic Market 基本上是一个封闭的活动。虽然参会的同人乐于在这里表现自己，但这个"表现"并不是对外的，而是一场大规模的内部交流会，参会的人里面没有"外人"。喜欢某部作品的人，在这里向同样喜欢该作品的同人展现自己对这部作品的爱有多深，这就是 Comic Market。

　　进入 21 世纪以来，网络基础设施迅猛发展。通过网络，人们不再需要交流时坦露自己的真实身份，你只要愿意，就可以匿名发表自己的作品或主张。这对于御宅族来说，可以说"向世间发声"的难度一下子降低了。

　　你在 niconico 动画或 YouTube、P 站上发表作品，并不需要与其他任何人进行交流或对作品做修改。一些 VOCALOID P，甚至可以在不暴露自己的长相和名字的情况下获得商业成功。

　　当然，这并不是说所有御宅族都希望成名，希望自己的作品广泛传播。比如，曾经的 mixi（日本社交网站）、现在拥有带锁图标的推特账号、限定公开的 SNS 等，都只对特定人群公开。

　　只是在当今网络社会中，即使是对"内"发布的信息，也会经过网络传播而使得很多不确定的"外人"知晓。其结果是，由御宅族发布的内容（无论好坏）会随着接触"外人"范围的扩大而知名度大增。在各种企业的广告或 CM（宣传片）中频频亮相的初音未来，就是其中的一个例子。

御宅知识被当作社交话题

有段时间，"突然宅"这个词成为网络高频词，并饱受嘲弄。但这个词的含义因人而异，比如在动漫方面，它的含义大概有：

· 每周仅看两三集人气动画；
· 作为御宅族的资历尚浅；
· 只看免费的电视动画，从来不购买动漫周边和精装产品。

除此之外，突然宅也有只看《爱，活着！》等具体某部作品的意思。

这与序言中提到的御宅族的随意化是相通的。或许传统御宅族会焦急地说"这种程度就不要以御宅族自居了"，但是突然宅的出现与其人数增多，原本就是因为他们发现"御宅知识可以被当作与人交流时的话题"。

拥有共同的兴趣爱好在与他人交谈时会发挥重要的作用。例如，如果在大学或高中的新生欢迎会上想交朋友，或者想加入社团等组织时，你只要谈论这些组织内流行的话题，就很容易和人熟络起来。当然，话题不一定非要局限于动漫，音乐、电影、书、喜欢的艺人、运动员等都可以。但是，在这样的场合谈论动漫曾经是有危险的，因为过去人们有"喜欢动漫的人＝阴暗危险的家伙"这样的偏见。

现在，御宅族在大众心中有了新形象。人们不再认为"喜欢动漫"有危险或者令人恐怖。事实上，《新世纪福音战士》《海贼王》《爱，活着！》这样的主流动漫作品正在被普通的年轻人所喜爱。特别是《新世纪福音战士》从 1995 年到 1996 年在电视上播放，得到观众认可；2007 年制作的剧场版《新世纪福音战士》更是被各年龄段的观众追捧，甚至引起服装业的兴趣。可以说，它是日本国内为数不多的"获得普通市民支持的御宅内容"之一。

虽然与喜欢的作品类型不无关系，但御宅族只要喜欢的是带主流色彩和流行度高的作品，就能给人留下类似"文化达人""亚文化人"这样积极的印象，从而可以完成对自己个性的塑造。意识到御宅知识的社交性并积极践行的人，也因此被传统御宅族贴上了"伪宅"的标签。

如今，御宅族知识已经演变为一种社交工具。随着社交媒体的普及，年轻人的交流范围越来越广，因此能够作为话题的御宅知识被年轻人视如珍宝。

御宅活动随意化

从面向御宅族群体的活动中我们也能看出随意化的倾向。

2015 年 3 月，第 11 届 cosplay 活动"日本桥街头庆典"在大阪市浪速区日本桥举行。日本桥是大阪屈指可数的电器商业街，与东京的秋叶原齐名。cosplay 主要围绕动漫和游戏展开，当然聚集了不少御宅族中的年轻人（见图 1–3）。

若者研成员中一位住在关西地区的男士（动漫宅），每年都会参加这个活动。我对他讲述的 2015 年动漫发展的两种趋势颇有兴趣，在此同大家分享一下。

第一种趋势是，参加 cosplay 的人和观众的年龄跨度正在变大。往年的参加者大多是以高中生、大学生、20 岁出头的年轻人为主的年轻御宅族，但 2015 年的参加者不乏与家长一同参与 cosplay 的小学生，还有许多四五十岁的职场人也一起参与 cosplay。可见，cosplay 不再是资深御宅族的专长，而是正在逐渐获得普通市民的支持。

第二种趋势是，不受当前流行趋势的影响，扮演人们都知道的角色的人更受瞩目，也更容易获得高人气。"人们都知道的角色"，具体来说就是吉卜力工作室作品中的角色，以及动画《美少女战士》（1992—1997 年播出）、《魔卡少女樱》（1998—2000 年播出）等作品中的角色。结合观众层的变化来思考，我们可以总结出日本桥街头庆典的观众与角色扮演者正在随意化、伪宅化。

日本桥街头庆典的场景

《鲁邦三世》中次元大介的 cosplay

《红猪》中的波鲁克·罗梭

《魔女宅急便》中琪
琪的 cosplay

图 1-3　cosplay 场景

（照片来源：日本桥城市振兴株式会社，摄影：金井冢悠生）

　　再深究下去，我们也可以解释为"比起扮演只在某些资深御宅族中流行的深夜动画的角色，扮演吉卜力作品中动漫人物等知名度高的角色更能被大众接受"，而且越来越多的人持有这种想法。"优先考虑对方的接受度"，正是以御宅知识为社交工具的伪宅的最大特征。

　　这种御宅活动的随意化，代表了御宅活动的最新趋势。日本乃至全世界最具人气的御宅活动是 Comic Market（简称 Comike）。

　　源自 1975 年的同人志即卖会 Comike 已经有多年的历史，现在每年夏季和冬季在东京国际展览中心各举办一次。2014 年 12 月举办的冬季 Comike，在三天的会期中入场人数达到 56 万人次。Comike 不仅是"销售同人创作品的场所"，而且有许多 18 岁以下禁止的成人商品或一些针对御宅族的商品来参展。因此 Comike 吸引了不少前来游玩的参加者和众多 40 岁以上的资深御宅族。

　　但是，一些曾参加过最近 4 次 Comike 的人反映，作为资深传统御宅族"最后防线"的 Comike，自 2014 年夏以来，也呈现出轻宅化、年轻化的趋势。这大概能够从以下三个方面证实。

　　第一个方面，针对以往非主流参加者的年轻人群（中学生）的"歌手"、"游戏实况"、CD 等逐渐增多。这表明更吸引年轻御宅族参加 Comike 的环境正在形成。

　　第二个方面，专门来看会场内某些特定扮演者的观众逐渐增多。这表明与 Comike 原本创作售卖同人志的目的不同，"只是为了看热闹"的随性的参加者增多了。

第三个方面,许多参加者把 Comike 当作与日本其他御宅族举行"网友见面会"的场地。利用 SNS,积极地与远方的同好之士建立联系、互相交流、组建团体,也是年轻御宅族的一大特征。

御宅族人均消费显著降低

对于 30 岁以上的读者来说,包括 1977 年出生的我,御宅族的含义大概如下:

- 对动漫、游戏等特定领域非常了解;
- 把钱花在喜欢的作品的精装产品、动漫周边、漫画上;
- 将大多数时间花在御宅族相关活动上。

虽然很难统计御宅族对这些特定领域的了解程度、消费金额和时间投入,但我认为无论在谁眼中,那些他们喜欢的领域或作品都是他们人生的中心,这是成为御宅族这一特殊人群的必要条件。对喜爱的对象倾注全部热情,生活中的其他事情、饮食、与异性的交往等全都排在后面。因此普通大众给他们贴上了"难以接近"的标签。

虽然现在仍然有"难以接近"的年轻御宅族，但是"只看过几部动画作品""几乎不在御宅活动上花钱""会花时间参加聚会或体育活动"的人，也开始以御宅族自称。这可以说是一个很大的改变。

简单来说，与传统御宅族"因为热爱作品才变成御宅族"相比，现在随意化的年轻御宅族则是"因为御宅知识可以成为社交话题，所以才变成御宅族"的。传统御宅族与当代年轻御宅族成为御宅族的动机就明显不同。

如前所述，御宅族在动漫上的消费支出减少到十年前的 1/4；与十年前相比，现在的御宅族变得更加随意化。但是前面也提到"御宅族整体市场正在逐年扩大"。

如今，日本人均工资逐渐减少，少子化日益加剧，大学生从父母那里得到的零花钱也在逐年减少（见图 1-4）。然而，为何御宅族人均消费减少了，御宅族的整体市场却在扩大呢？这是因为虽然御宅族人均消费金额减少了，但是随意化的轻宅族人数却在急剧增长。

并且，以御宅族自称的日本人的人数也出现增长趋势。根据2011 年矢野经济研究所的调查结果，对"你认为自己是御宅族吗？或者你是否曾被人称为御宅族？"25.5% 的人给出了肯定的回答。该研究所根据调查结果采用独立的计算方法进行了统计，结果显示通过推算，"日本人每 5 人中就有 1 人是御宅族"。

你每个月从父母那里得到多少零花钱?

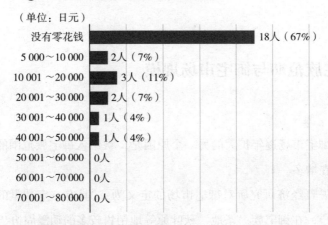

❶ 27个住在家里的御宅族大学生的回答

（单位：日元）

没有零花钱 18人（67%）
5 000～10 000 2人（7%）
10 001～20 000 3人（11%）
20 001～30 000 2人（7%）
30 001～40 000 1人（4%）
40 001～50 000 1人（4%）
50 001～60 000 0人
60 001～70 000 0人
70 001～80 000 0人

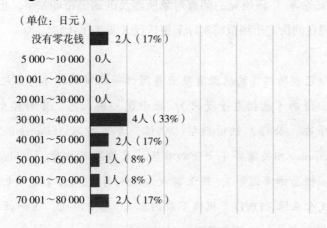

❷ 12个独自生活的御宅族大学生的回答

（单位：日元）

没有零花钱 2人（17%）
5 000～10 000 0人
10 001～20 000 0人
20 001～30 000 0人
30 001～40 000 4人（33%）
40 001～50 000 2人（17%）
50 001～60 000 1人（8%）
60 001～70 000 1人（8%）
70 001～80 000 2人（17%）

图1-4 御宅族的零花钱情况

御宅族的这种增长趋势大概率还会持续下去。至少在未来数年内，御宅市场仍会继续扩大。

御宅族范畴与御宅市场规模

御宅市场逐年扩大的另一个原因是，被纳入御宅族范围的类型正在增多。

矢野经济研究所对御宅市场的定义为："具有一定数量的忠实客户，在御宅族'圣地'秋叶原等地销售较多的动漫周边、商品、服务等。"该研究的调查对象所涉及的御宅市场如下，但我认为现在的御宅市场范畴实际上更广泛（见表1–1）。

御宅市场销售的从业者及业界团体等从事的具体行业包括：动画、漫画（包括电子漫画）、轻小说、同人志、塑料模型玩具、手办、公仔、铁道模型、偶像、职业摔跤、cosplay服装、女仆cosplay相关服务（女仆咖啡店、居酒屋、按摩、cosplay餐饮店、概念咖啡馆等）、线上游戏、成人游戏、AV（成人电影，包括成人录像、DVD、视频下载内容）、恋爱游戏、男同性恋、VOCALOID（包括相关商品）、玩具枪。

与之相对应，若者研的调查所针对的年轻御宅族类型如下：

与矢野经济研究所的调查对象类型一致的有：

动漫宅、声优宅、手办宅、偶像宅（女性偶像宅）、杰尼宅（杰尼斯艺人宅）、cosplay 扮演者、游戏宅、铁宅（各种铁道宅）

若者研调查发现的独特类型有：

乐队迷妹（视觉系乐队的追随者）、宝冢宅（冢粉）、时尚宅、迪士尼宅、电脑宅、K-POP 宅、年轻男演员（特摄英雄、2.5 次元音乐剧等演员）宅

除此之外，"美漫（美国漫画）宅""电影宅""搞笑宅"等也被归为广义御宅族。

不过也许会有人反对这种说法，他们会说："视觉系乐队和宝冢歌剧也能算得上御宅族的范畴吗？把迪士尼和 K-POP 作为御宅族的对象也太随意了吧？这不是离流行文化太近了吗？活字印刷、时尚和室内装饰这些领域，只不过是文化爱好吧？"诸如此类。

但是，既然现在作为本书研究对象的年轻人把它们算作"御宅族的范畴"，并以此自称，那么至少由他们支撑的这些文化市场都应该被称为御宅市场吧。

表 1-1　2013 年御宅市场规模详情

类别	市场规模(亿日元)	类别	市场规模(亿日元)
同人志	732	女仆 cosplay 相关	111
塑料模型玩具	254	线上游戏	5 750
手办	311	成人游戏	188
玩偶	135	AV 市场 （包括成人录像、DVD、视频下载内容）	516
铁道模型 （包括立体透视模型等周边器材）	88	恋爱游戏	130
偶像	863	男同性恋	214
职业摔跤	123	VOCALOID （包括相关商品）	87
cosplay	423	玩具枪	80
合计			10 005

注：基于矢野经济研究所 2014 年的公开数据。

　　一位自称是迪士尼宅的 19 岁男士在迪士尼商店打工，并自发成立了迪士尼社团。他每个月花费近 40 000 日元购买迪士尼相关商品或服务。他不仅频繁出入迪士尼乐园，而且他使用的物品上都必须带有迪士尼元素。虽然已经重复过多次，但我还是要提醒各位，"御宅族"这个词语的含义在最近 10 年、20 年间已经发生了很大变化。

　　东京电视台的电视节目《电视冠军》（TV CHAMPION）的策划人、株式会社秋叶原综合研究所董事长寺尾幸纮氏，曾夺得"秋叶原王"头衔，在其著作《抓牢御宅族之心：拥有最强购买欲的顾客》（SB 出版）中提到：御宅市场正在扩大，除了矢野经济研究所的研究对象之外，家庭游戏市场、收藏卡市场、漫画市场以及各种玩具市场等也应列入其中。他推算这个市场规模累计应该达 3 万亿日元。

　　我也赞成他的说法，若者研的成员们列举了广泛的御宅市场范畴，自称或被人称为御宅族的年轻人越来越多。我们从中也可以看出御宅市场大概能达到 3 万亿日元的规模。

　　针对持续扩大的新御宅市场的新需求，我们将在第四章中探讨如何提供满足这些需求的商品和服务。

第二章

从知识到态度：
日本御宅族变迁史

　　在不同时代，御宅族具有不同特征。为了深入考察"第四代御宅族"现充宅的产生，本章将从 20 世纪 70 年代登场的"第一代御宅族"开始介绍，并随着时代演进探讨御宅族的变迁史。

第一代御宅族：教养主义下的选民意识高涨

　　20 世纪 70 年代中期到 80 年代前半期，日本兴起了动漫浪潮。掀起这次浪潮的青年一代就是第一代御宅族（只是当时还没有"御宅族"这一称谓，或者说这个称谓还未在日本普及）。到 2015 年，50 多岁的人就是当时动漫浪潮的主流。

　　1974 年，日本的电视上播放了第一部电视动画，1977 年，日本的电影院线上映了第一部动画电影《宇宙战舰大和号》，由此掀起了这股动漫浪潮。一直以来，面向儿童播放的动画片第一次被成年人接受，同时这部作品也被当作批评对象成为当时的热门话题。在剧场版上映前，热心的粉丝在电影院门口排起了长队，然而，当时大多数观众并不是未成年人，而是大学生和20多岁的年轻人。

前面提到的高桥信之先生，就是第一代御宅族的代表之一。20世纪70年代后期，当时还是高中生的高桥信之组织了SF·漫画·动漫社团，并吸引了多达400名会员。

"我在高中时代喜欢读《SF杂志》，杂志上会刊登活动信息。SF（科幻）粉丝聚集在区民会馆的大会议室里，展示插画或塑料模型、售卖同人志等。当时的信息来源很窄，只能通过杂志或者在活动上结识的朋友的往来信件。"高桥信之说道。

第一代御宅族对这样的经历应该都很熟悉。1974年，不逊色于后世之作、被永远铭刻在动漫史上的名作《宇宙战舰大和号》与《阿尔卑斯山的少女》在同一时间播出。那时候还没有家用录像机，因此在同一时间人们只能观看其中一部作品。当时，高桥信之先生家里有两台电视，于是他在一台电视上观看《宇宙战舰大和号》，同时打开另一台电视，用录音带将《阿尔卑斯山的少女》的声音录下来，之后再通过录音机听《阿尔卑斯山的少女》的内容。

1978年，以插图形式向成人介绍动漫文化的月刊杂志《Animage》创刊。当时，主要人气电视动画作品有《鲁邦三世（第2季）》（1977—1980年播放）、《银河铁道999》（1978—1981年播放）、《机动战士高达》（1979—1980年播放）等。除此之外，现在仍被奉为经典之作的长篇动画电影《鲁邦三世·卡利奥斯特罗城》也在 1979 年上映，导演是宫崎骏。

自 1982 年开始，宫崎骏在《Animage》杂志上连载了《风之谷》的漫画。这部作品在 1984 年被改编为电影，并受到电影评论家们的普遍好评。

2014 年，由柳乐优弥主演的深夜电视剧《青之焰》，正是聚焦第一代御宅族的作品。电视剧的背景为 20 世纪 80 年代初期，当时的人气动画片或漫画也出现在剧中。该剧详细讲述了"一直以来以儿童为对象的动画片、漫画是如何成为成人的兴趣爱好的"。学生时代的庵野秀明、年轻时的冈田斗司夫，以及之后创立了制作公司 BONES、制作了《钢之炼金术师》等作品的南雅彦等，都实名出现在这部剧中。他们都是第一代御宅族。

第一代御宅族的特征首先是"博识"，同时也被认为具有某种较高的选民意识。

在那之前的日本，人们并不认可动画和漫画属于文化范畴，认为那只不过是小孩子的娱乐。其证据之一便是，当时"动漫"这个词语甚至还没有普及。高桥信之先生说道："即使是在《宇宙战舰大和号》剧场版上映，引起了广泛的社会关注之后，我当时遇见的新闻记者也都还不理解'动漫'这个词的意思。当时的电视动画被称为'电视漫画'，动画剧场版则被称为'漫画电影'。"

因此，为了让自己喜爱的作品被大众认可，御宅族必须在其他成人面前进行"理论武装"。

他们旁征博引了已经被认可的权威的 SF、文学、电影等文化形式,探索动漫作品的成立依据,以及动漫作品中表现出的对其他文化形式作品的敬意。他们或从批判的角度解读作品,或研究作品的创作手法,并用尽全力通过自己的语言增强作品的权威性和说服力。因此,仅熟悉作品并不够。那是一个御宅族没有知识就无法生存的时代。

当时不用说是网络,就连家用录像机的普及率都很低。"××作品的导演好像也参加了 ×× 作品的制作""这个动作好像是一个叫 ×× 的插画师画的",这样的信息只能通过传闻获得。御宅族瞪大眼睛,目不转睛地观看只会播放一次的电视动画,并像做笔记一样把每个场景都印刻在脑海中。

可见,当时的御宅族如果真心想要做个御宅族,是很难过上普通人的生活的。时间、财力、热情……所有这些都必须分割出一部分给现在所说的"宅活"。其结果就是,他们开始具有"自己是特别的人"这样的选民意识。而当时的普通人获得信息的渠道很少,因此,御宅族与其他普通人之间也在御宅知识上拉开了较大差距。因而,在当时伪宅也很难存在。

教养主义下的选民意识高涨这个第一代御宅族的特征,虽然也被之后的第二代、第三代御宅族继承,但程度远不及第一代御宅族。他们是褒义上的"怪人"。第二代以后的御宅族常常评价第一代御宅族为"麻烦的人们",大概也出于这个原因。第一代御宅族成为庵野秀明等鬼才辈出的一代。

第二代御宅族：对御宅文化感到自豪却忧郁

  现在年龄在 35—45 岁之间的御宅族属于第二代御宅族。从 20 世纪 80 年代末到 90 年代末的十年间，第二代御宅族的青年时期正赶上《新世纪福音战士》（1995—1996 年上映）和让 "Japanimation"（日本动漫）一词普及的《攻壳机动队》（*GHOST IN THE SHEEL*）（1995 年上映）的热映，这两部动画成为当时的现象级作品。

  这十年也是游戏热潮兴起的时间。80 年代后半期逐渐兴起的家用电脑浪潮（家用电脑从 1983 年开始上市）广泛渗透到未成年人中间。虽然那时还不能称之为御宅文化，但随着 80 年代末高品质家用游戏机的出现，"游戏宅"人群也诞生了。

  1987 年发售的 PC Engine（NEC Home Electronics，一款家用游戏机）和 1988 年上市的 Mega Drive（家庭电子游戏机），标志着第二代御宅族时代的到来。随着机器性能的提高，游戏机呈现出的影像与音乐品质也得到提升，动漫曾经追求的成为"成人也能鉴赏的文化"也逐渐得到了普通市民的支持。

  1994 年发售的 PlayStation 家用游戏主机（索尼互动娱乐开发）

与世嘉土星（日本世嘉公司开发的第六代 32 位元家用游戏机），可以说极大地增加了游戏领域的御宅族人数。当然，在此之前电脑游戏宅已经出现，但家用游戏机的出现使得人们打游戏的成本大大降低——人们仅花几万日元就可以买到家用游戏机，而不用再花几十万日元买电脑了。这同时推动了游戏文化的大众化和游戏在御宅族中的发展。

不仅是游戏机，在这个时期的日本，录像机、激光视盘等多媒体新产品振奋了市场，御宅族的活动也由此变得活跃起来。虽然 20 世纪 80 年代末到 90 年代之间发生了经济泡沫破裂，但经济衰退后的年轻人在兴趣爱好上的花费依然比现在要多得多。当时在秋叶原电器街，这些多媒体电器的销量十分惊人。

第二代御宅族也是 DVD 收藏家。在他们长到 20 岁后，与初高中学生时代相比，他们手头的可支配收入增加了（21 世纪前 5 年），此时也正是动画 DVD 销量最好的时期。

虽然 DVD 在 1996 年已经出现了，但进入爆发式增长阶段是在 2000 年以后。2000 年 3 月，首款集成 DVD 技术的游戏机开始发售，并持续热卖。有人称，正是 PlayStation 2 的成功推动了 DVD 的普及。

20 世纪 90 年代末出现的深夜动画，也就是面向动漫迷（宅）而制作的动画，主要依靠 DVD 销售收回成本。这已成为当时通行的动漫商业模式。因此，为了让少数爱好者购买高价 DVD，DVD 制作商不得不用尽手段增加 DVD 商品的趣味性。这是发生在 21 世纪前 5 年的事情。DVD 作为初次购买限量典藏版附赠的周边产品，或者在 DVD 中增加一集电视上没有播放的剧集，是吸引爱好者购买的主要手段。第二代御宅族正是被这种营销手段吸引开始大量购买和收集 DVD。

这股动画 DVD 热潮一直持续到 2005 年，视频网站上开始出现非法动画视频为止。

另外，第二代御宅族也被称为在敏感时期直接受到"迫害"的一代。1988—1989 年发生在东京埼玉连环幼女诱拐杀人案的凶手宫崎勤的御宅族形象，由于媒体的报道而被广泛传播，由此御宅族典型的外在特征（外表装束随意）和内在特征（阴暗、欠缺社交能力）构成了人们对御宅族的固有认知。

"喜欢二次元（动画或漫画）美少女"这一御宅族的典型爱好与宫崎勤的萝莉爱好，被媒体联系在一起报道，这加深了普通大众对御宅族男性的负面印象，也加剧了主流社会对他们的"迫害"。喜欢二次元美少女的爱好之后又与"萌"的概念相联系，成为 21 世纪头十年主流社会粗暴贬低御宅族男性的一个关键词。

第二代御宅族在骄傲于自己喜爱的动画、漫画和游戏获得社会认可的同时，又苦恼于被主流社会强加的负面形象。

因此，第二代御宅族开始变得尽量不再对外宣称自己是御宅族，与御宅族相关的话题也只和御宅族朋友谈论，与其他普通人唱卡拉 OK 时绝不会选择动画歌曲，在学校做自我介绍时也绝不会说自己喜欢动漫。

现在已经步入中年的第二代御宅族，看到年轻的现充宅和伪宅们在他人面前毫无顾忌地说"自己是御宅族"时，应该会感到有些吃惊吧。

第三代御宅族：活用网络及占有欲减退

现在 25 岁到 30 岁出头的第三代御宅族，在 21 世纪前十年度过了他们的青春期。那时在御宅族领域中与动漫相关的轻小说发展势头迅猛。轻小说主要面向年轻人群，小说内容配上漫画风的插图，具有全面刻画角色"萌"要素的特征。

一直以来，动画的原著都以漫画为主，但是以轻小说为原著的热门作品在这个时期相继出现，尤以《凉宫春日的忧郁》（2003 年开始刊行，2006 年被制作成动画）为突出代表。特别是2005 年及以后，轻小说作为御宅族领域的一分子开始迅猛发展。

第三代御宅族的一大特征是，第一代御宅族重视的教养主义在他们身上变得非常淡薄。

例如，"喜欢高达的人"。《机动战士高达》系列第一部自1979 年问世以来，不仅被制作成了电视剧系列，而且有剧场版等媒介形式，是一部延续至今的生命力超强的作品。第三代御宅族在十几岁的时候，《机动战士高达 SEED》（2002—2003 年播出）

正在热播，它获得了超高人气。然而，这部作品的粉丝中有不少人对以前的高达系列作品并不太感兴趣。

如果是第一代御宅族，他们一定会把之前的作品全部看个遍，再去研究它们有何共通之处，对其中发生变化的话题进行比较和探讨，批判性地解读这些作品。但是第三代御宅族不再如此执着。他们喜欢《机动战士高达 SEED》，但并不代表会对《机动战士高达》这个庞大的系列作品爱屋及乌；他们只是喜爱作品中某些特定的、细分的部分，比如某个特殊的角色，或者某个声优，或者机甲（机械动力装甲）的设计等。也就是说，他们不再拘泥于系列的历史或传统，而是开始表达自己对各自喜好的"喜爱"。

当然，第一代和第二代御宅族也曾对这种倾向表示担忧，批判他们"连第一部（1979—1980 年播出的《机动战士高达》第一部）都不看，还好意思说喜欢高达"。这种前代对教养主义的要求不仅针对动漫，还针对包括音乐、电影等在内的所有文化领域。

另外，被大众媒体定型的御宅族形象也源于第三代御宅族。21 世纪初期诞生于秋叶原的女仆咖啡店、《电车男》热潮（2004 年），是当时媒体在报道御宅族时经常使用的元素。其中被用到的一个重要的关键词就是"萌"。

所谓"萌"就是男性御宅族对动画、漫画、游戏等虚拟角色（主要是美少女）抱有的好感。这个词入选了 2005 年日本新词语、流行语排行榜前十位。当时以第三代御宅族为主体的男性，伴随着"萌"这个关键词一起进入了人们的视野，这不是一件令人喜悦的事情。

"萌"这一概念早在20世纪90年代就为御宅族所知，只是当时并未引起媒体关注。当时，电脑与家用游戏机的性能快速提升，之前技术和机器性能都无法展现的高清视觉体验，现在得以在这些动画美少女身上实现，由此市场上出现了许多美少女恋爱游戏。这些游戏中获得高人气的作品逐渐被改编成动画，其中也有很多18岁以下禁止的成人电脑游戏。只不过在被改编成动画的过程中，制作方删减了部分过激画面。

从媒体对御宅族的报道历程来看，我们无法忽视2005年前后才开始被媒体报道的"乙女路"。所谓乙女路，是指在日本东京池袋东口方向的高层大厦SUNSHINE60西侧的一条路（见图2-1）。那里集中了许多以女性为销售对象的同人志、动漫商品、乙女游戏（面向女性的恋爱游戏）店铺，因而得名乙女路。

因为乙女路与一部分女性御宅族带有自嘲意味的自称"腐女"一词有关，所以它成为当时谈到御宅族女性形象时的一种典型符号。乙女路其实就是"属于女性的秋叶原"。

当然，乙女路并不是只受第三代御宅族女性的喜爱。但是，一直以来并不被大众熟知的女性御宅族出现在大众视野中，并进行御宅活动，可以说是始于第三代御宅族女性的。

图 2-1　东京池袋乙女路
（2012 年 8 月该地区的某动漫商店举办活动时的场景，摄影：立冈拓郎）

　　第三代御宅族是第一个受惠于完备网络基础设施的世代，这也是第三代御宅族一个重要的世代特征。对于第一代和第二代御宅族来说，他们开始御宅活动的时候，网络还未普及。但对于第三代御宅族来说，网络一开始就存在，并且他们认为使用网络是理所当然的；或者可以说，在他们眼里，网络作为御宅活动的前提是自始至终都存在的。

　　他们只要善于利用网络，就可以查到各种各样的作品信息和影像资料；甚至可以在网上观看整部动画作品。因此，他们对"拥有物品"的执念也就变淡了。这是第三代御宅族的一大特征。实际上，动画 DVD 的销量自 2005 年开始持续下降。

当然，也有到处购买作品相关单行本、DVD 和蓝光光碟
（2006 年上市）的第三代御宅族。然而，作品的信息除了能在官
方网站，还可以在粉丝自建的网站上找到；原作的漫画，你只要
去漫画咖啡店就可以阅读了。人们利用以 Winny 为代表的文件共
享软件，或在还未完全屏蔽非法视频的 YouTube 和 niconico 动画
等视频网站上观看整部动画片。使用这些软件或视频网站的方法
也在瞬间得以普及。

那么 2005 年以后，第三代御宅族将钱花在了何处？答案是
钱被花在了现场活动或现场演唱会等"体验型消费"上。他们会
齐聚在动漫声优的粉丝答谢会之类的活动上，或动漫公司主办的
演唱会、人气声优大规模演唱会上。其实，不仅是御宅族，现在
的年轻人的一大特征——"比起物质消费更喜欢体验型消费"的
倾向，自 2005 年以来就表现得越来越突出。

同时，视频网站并不是只有缺点，比如非法视频。被称为
"试试跳""试试唱"的御宅族会听着动画歌曲跳舞或者唱卡拉
OK，他们的这些表演视频会被上传到网上，其中也有人把脸露
出来进行 cosplay。尽管仅在网络上传播，但这些被上传到"媒
体"上的御宅族 cosplay 的视频，也为之后的 cosplay 大众化迈出
了重要一步。这也是体验型消费的一种。

2007 年发生了两件御宅族界的大事件，即作为 VOCALOID
音源，能进行声音合成的动画角色初音未来登场，以及插画投稿
社交网络服务网站 P 站的诞生。前者为使用初音未来的声音进

行原创音乐创作的御宅族提供了生长土壤，后者则发展为发表原创插画、接受大众评价的御宅族的基地。两者都属于能动型御宅族。

另外，根据矢野经济研究所发表的统计资料来看，2010 年 55 亿日元规模的 VOCALOID 市场，到 2013 年增长到近 90 亿日元的规模。

不再执着于拥有物品，而是通过体验和信息传达来彰显自身的御宅族身份，这不仅是第三代御宅族的特征，也被第四代御宅族所继承。

第四代御宅族：随意化及现充化

第四代御宅族作为本书主要研究对象，也就是现在年龄在 15 岁到 25 岁之间的当代年轻御宅族，我们在研究他们的特征时无法忽视 2005 年开始的对秋叶原电器街的改造。

在那之前的秋叶原（东京都千代田区、JR 秋叶原站与东京地铁秋叶原站周边地区）是名副其实的"御宅族根据地"，在普通人看来那里可以说是鱼龙混杂之地。只接待熟客的专业的配件店、动漫店、游戏店、手办店、漫画专卖店等大大小小的店铺鳞次栉比，几乎没有普通人可以安心购物的场所。

　　然而2005年，随着筑波快线（连接秋叶原与茨城县筑波市的首都圈新都市铁道的铁路线路）的开线运营，以车站广场为中心的区域被重新开发。深受普通消费者欢迎的友都八喜秋叶原店开业，对于非御宅族的中学生和家庭来说，这里是他们在秋叶原的安心购物之所。曾经对秋叶原有兴趣但不知道怎么逛的人，现在可以不带任何心理负担地去逛友都八喜了（见图2-2）。

图2-2　2005年9月开业的友都八喜秋叶原店

　　曾经店铺混杂的JR秋叶原站前面的广场，现在功能设施齐备，现代化的建筑拔地而起。秋叶原逐渐变成了"漂亮的"街区，甚至成为知名的旅游观光地，可以说这也加速了御宅族到访的随意化。

2005 年 12 月，之后成为日本国民偶像的大型女子偶像组合 AKB48 的出道地点"AKB48 剧场"，正位于秋叶原电器街中央的唐吉诃德秋叶原店的 8 层。AKB48 最开始是作为以某些特定人群为对象的偶像团体出道的，然而，她们逐渐蜕变为能够上音乐节目《NHK 红白歌合战》表演的日本国民性偶像团体，体现了"年轻御宅族的大众化、随意化、非正式"的特点。"秋叶原的偶像"这类御宅族喜爱的内容，现在也常常出现在大众期刊杂志或报纸的报道中。这也显示出御宅族不再像从前那样封闭。

对第四代御宅族的随意化，第一代御宅族的成员高桥信之先生如是说："我们这一代御宅族在鉴赏作品的时候，常常会追溯作品的源头，无论是日本漫画家、动画制作人手冢治虫，还是 SF 作品、老电影，我们都会想要探寻作品的源头。但是，现在的年轻人对这种事情不太感兴趣。例如，《新世纪福音战士》受到《奥特曼》和其他许多 SF 电影的影响，但现在的年轻人并不想知道这些信息。"

第四代御宅族对系统地了解作品的来源不感兴趣，他们虽然以御宅族自称却只知道非常浅薄的知识，这两个特点之间大概有很紧密的联系，而且也是随意化的第四代御宅族的典型特征。

2005—2006 年，御宅族不再是一种"生态"标签，而开始变成"个性"和"时尚"的象征。第四代御宅族的一个特征，即第一章中所描述的当代年轻御宅族"利用御宅知识作为社交话题", 应该诞生于这段时间。

第四代御宅族中典型的现充宅, 具有传统御宅族所缺乏的高超社交能力和人际关系广泛的特征。这大概与重新被开发后的秋叶原出现了许多由女性提供服务的特殊店铺有关。例如, JK 按摩（由女高中生提供的包间按摩服务）、JK 散步（与女高中生手牵手散步的服务）、由女高中生提供的掏耳朵服务等。

"与现实中的女性发生带有色情意味的接触", 这样的事情对于传统御宅族来说也许是很不擅长的, 曾经的"秋叶原原住民"就算喜欢色情动漫, 也不善于与现实中的女性发生这样的接触。

就像只有现实充才会参加聚会和联谊活动一样, 御宅族享受与现实中的女性进行交流的服务, 可以说他们是接近现实充的。已有十几年历史的女仆咖啡, 是与打扮成女仆的女性聊天的场所。如果不能享受聊天的乐趣, 他们就无法获得这些服务的价值。

作为御宅族"圣地"、一直居高临下的秋叶原, 也同其他的欢乐街一样受到"非正式""随意化"的影响。常常会听到前三个世代的御宅族感叹, 秋叶原"已经变得不像过去那样特别"了。或许可以说, 第四代御宅族是"真实反映出秋叶原变化的新生代御宅族"。御宅族的随意化与秋叶原"神圣性"的退却具有根本性联系。

摆脱了学校等级最底层的第四代御宅族

第四代御宅族现充化的特征越来越明显，因此在"学校等级制度"中不再处于最底层。第二代御宅族所遭受的来自社会的"迫害"和"蔑视"等，在他们身上也较少发生。

学校等级制度是指在学校中学生们自然形成的"排序"。一般来说，社交能力高、外表时尚、人际关系广泛和恋爱经验丰富的现实充，会居于上位。学校等级制度曾经也可以简单地解释为，"叛逆青年'御姐'居于上位，御宅族处于下位""体育系学生居于上位，文化系学生处于下位"。

但是，与"电车男"是对御宅族过时的古板印象一样，不可否认，这样的等级划分也来自人们陈旧的价值观。御宅族居于"下位"，并不是说一个人单纯地只有"御宅族"一个身份标签，而是说学校等级内的所有人的所有备选身份标签中，"御宅族"这个标签发挥了作用。我们将具有这一身份标签的人大致统称为"第四代御宅族"。

例如，外表靓丽的女性以御宅族自称，足球俱乐部的正式选手其实是御宅族等。当然，这并不是说已经不存在具有气质忧郁、喜欢窝在家等传统御宅族特质的人，只是说这样的人在年轻人中间已经相当少见了。

在年轻人中间甚至还有许多成为"被尊敬或憧憬对象的"御

宅族。据若者研成员中的学生族所说，一些偶像宅因为在音乐会上掌握了喝彩助兴的技巧，因而在和大学同学一起唱卡拉OK时被视为"能活跃气氛的重要人物"。

这也证明社会对御宅族的态度变得更宽容了。AKB48、桃色幸运草Z、早安少女15等偶像团体，没有仅局限在御宅族的喜好上，而是变成了日本国民偶像级主流团体，这大概也是社会对御宅族变宽容的原因之一。她们演唱的歌曲不再只是御宅族熟悉的歌曲，而是日本人都耳熟能详的歌曲，这些歌曲也成为御宅族与非御宅族的共通之处。

现在，电车车内广告中出现动画或漫画的插图已经不是什么新鲜事了。使用往年人气动漫元素的电视广告也越来越多，日本各地方的旅游观光广告中也常常出现一些萌系动漫角色。

年轻御宅族的父母年龄大概三四十岁，他们也是在动漫和游戏的环境下成长起来的，这大概也是社会对御宅族变得更加宽容的原因之一。动画和漫画不再是"资深御宅族的爱好"，而是作为一种文化表现形式被社会大众所接受，这也推动了御宅族社会地位的提高。

在某次和本书有关的会议上，一位若者研成员中的学生（动漫宅男士）说："现在的御宅族自卑感减少了。"他的这句话令人印象深刻（见图2-3）。

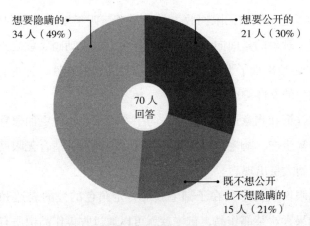

想要隐瞒的
34 人（49%）

想要公开的
21 人（30%）

70 人
回答

既不想公开
也不想隐瞒的
15 人（21%）

图 2-3　你愿意公开自己是御宅族吗？

爱的表达与可视化："无限回收"

　　没有广泛收藏的欲望，也并非教养主义者的御宅族新生代，是如何表达对心仪事物的爱的呢？答案是"无限回收"和制作原创动漫周边。

　　无限回收原是偶像宅用语，是指大量收集喜爱的偶像的写真（即使是同样的写真）。而现在则是指重复、大量地收集喜爱的动漫角色的某特定种类的周边产品。

动漫宅领域的无限回收，是在最近三四年里才出现的现象。引发这一现象的是面向女性群体的游戏、电视动画《歌之王子殿下》①。之后出现了大量购买作品中男性角色的挂件，并将它们挂满手提包的女性御宅族。

像挂饰和胸章这样的商品，与手办或服装相比更加便宜，厂商更容易生产，御宅族也能轻易获得，因此这种适合无限回收的商品开始大量出现。

无限回收的意义在于御宅族对特定角色的爱的表达和可视化。如果喜欢某部作品，御宅族就可以通过收集作品中所有角色的挂件来表达对作品的喜爱。前三个世代的御宅族也许有过这样的想法，但现在的年轻御宅族不会再像御宅族前辈那样将钱用于广泛购买商品，而是集中在一个方面表达对某角色的喜爱。

进一步说，在日常生活中他们将这些挂件装饰在随身携带的物品上，也是一种表达自己态度的重要方法。只有将自己的爱好展示在他人面前，使之可视化，对于他们来说，这份爱才是完整的。而传统御宅族努力避人耳目，隐瞒自己的御宅族特征，现在看来它们仿佛是发生在另一个世界的事情。

可视化趋势不仅存在于御宅族之中，而且可以说是十几、二十多岁的年轻人所共有的特点。他们将自己与朋友或恋人拍摄的亲密照片上传到他人可见的 SNS 上，希望被转发或点赞。经过

---

① 《歌之王子殿下》，第一部游戏于 2010 年 6 月发售，第一部动画于 2011 年 7 月—9 月播出。

"展示→可视化→得到他人的认可"这一系列程序，他们想将友情或爱情变得更牢固，可以说这是当代所有年轻人的特征。

有些御宅族会自己动手制作动漫周边，以表达自己对某部作品更深的感情。若者研的一位女性成员，也是动漫宅女大学生这样说："购买市场上销售的商品不足以证明我们内心的爱有多深。我们会从百元店或唐吉诃德购物中心购买原材料，然后自己制作一些钥匙扣或者小毛绒玩具等。这可能有点儿像艺人经纪公司杰尼斯旗下艺人的粉丝，他们自己制作贴有偶像名字和照片的团扇。"

由厂家生产的官方授权商品的销量确实不错；而且现在与以往不同，网上购物非常容易，你无论住在哪里都能轻易地买到喜欢的商品。

但是，这些可以轻松获得的商品无法证明御宅族对动漫作品深厚的感情。因此，从"数量"上表现爱意的无限回收，以及通过"一件物品"表达爱意的制作动漫周边，就成了他们表达内心爱意的主要方式。若者研成员中的那位动漫宅女大学生说：这是"超越其他粉丝的行为"。

虽然粉丝自己动手制作动漫周边的行为很早就有，但是百元店和网上购物的普及进一步降低了制作周边产品的难度。

当然，无限回收和制作动漫周边并不仅仅是为了向其他粉丝展示自己的爱。特别是制作动漫周边，其实是对作品爱的幻想的产物，因此欣赏他人制作的"幻想"也是一种乐趣。这与你去参加 Comike 看自己喜欢的作品如何被他人二次创作，以及大量收集同人志，欣赏同好之士的"幻想"并无二致。

另外，提到"大量购买相同商品"，首先使我们想到的就是在 AKB48 单曲选拔总选举时，人们大量购买单曲 CD 的现象。

AKB48 单曲选拔总选举虽然是由成员的粉丝在媒体上的投票决定的，但是粉丝在购买单曲 CD 时，其中附带的投票券可以额外算作一票。也就是说，粉丝多买一张 CD，就可以为喜欢的成员多投上一票。

在 AKB48 单曲选拔总选举之前，常常看到有人在 SNS 上发布"买了 ×× 张 CD"，也有不少人将堆积着数百张 CD 的房间的照片上传到网上。虽然总选举也存在"花钱买选票"的负面现象，但是对外公布、将自己的爱可视化，这与《歌之王子殿下》的粉丝将角色胸章挂满手提包的行为非常相似。

从知识到态度的转变

将爱意可视化，是年轻御宅族的一个特征，也是御宅族 40 年历史中的一大变化。我想通过"从知识到态度"这种说法来进行说明。

传统御宅族是博学多识的，这与他们选民意识高涨的自尊心有直接联系。这是因为 20 世纪 70 年代以前，个人对作品的研究渠道是非常有限的，或者说你除非花费大量的财力和时间才有可能进行研究。记载工作人员的创作内幕或创作过程的资料非常少，即使有，御宅族也必须花钱购买。特别是在 70 年代后期动漫杂志创刊之前更是如此。

这样一来，御宅族就必须想办法与工作人员身边的朋友或相关的人搭上关系，并通过多方介绍来取得一线信息。例如，"这是从就职于动漫公司的动漫研究会的前辈那里听说的"，或者"朋友的朋友就职于出版社，与漫画家的责任编辑是同期"等。但是能搭上这样关系的人非常有限，特别是对于住在小地方的人来说，这几乎是不可能实现的。

那时，能观看动画本身就不是一件容易的事情。20 世纪 70 年代，录像机还未普及，要观看动画就必须定时守在家里的电视机旁等待播放。即使到了 80 年代后期录像机普及以后，在动画未播放的地区，人们也是无法观看的。

另外，在 80 年代后期录像带出租店铺随处可见，你花费几百日元就可以租借到 VHS（家用录像系统）录像带。但在 VHS 普及之前，想要观看过去播放过的经典动画是极其困难的。更何况，并不是所有作品的录像带都能租借。如果想要欣赏租借不到的作品，你就只能以每部 1 万日元以上的价格购买 VHS 录像带，或者求助于朋友，向朋友借录像带来观看或者拷贝。无论如何，这些都是既花钱又花时间的。

本来就"内向又缺乏社交能力"的御宅族，要做这么多工作是需要做好充分的心理准备和下极大的决心的。因此，第一代御宅族仅仅是御宅族这件事，就从某种角度上成为自封的和受他人认可的"精英"。

但是，20世纪90年代后期网络开始普及，直到2005年之后高速网络建设基本完成，做御宅族的难度才一下子降低了。

首先，人们不再需要花费大量金钱和时间去获取信息。虽然搜索到的信息的可信度有时会遭受质疑，但只要搜索具体作品名称，你就能获得大量官方或非官方的信息；而且这些信息几乎都是免费并快速获得的。特别是进入21世纪之后，这种趋势越来越明显。

这种趋势同时也动摇了御宅族"博学多识"的优越性。只要连接上网络，人们就不再需要购买书籍和期刊，并熟读背诵其中的内容了。人们只要在需要的时候上网搜索一下，就可以得到所需要的信息。其中最有代表性的是，2001年，维基百科日语版上线，并在2003年到2004年间逐渐被日本国民熟知。因此，第三代以后的御宅族逐渐淡忘了获得信息是需要花钱的（见图2-4）。

2005年以后，人们开始通过网络观看动画作品（大多数作品没有经过授权，属于非法播放）。现在，在YouTube和Niconico动画等大型视频网站上播放的未经授权的非法视频越来越少，但一些视频网站将服务器设在国外（日本的电视动画很多被上传到这些网站上），它们的内容基本上处于不受约束的自由状态。年轻御宅族中有很多人都会通过这些网站观看以前的动画作品，并且很少有人对此抱有罪恶感。

❶ 64 位御宅族大学生的回答：

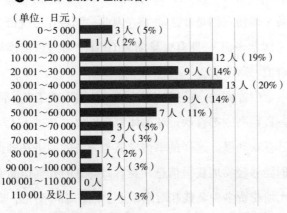

（单位：日元）

0～5 000	3 人（5%）
5 001～10 000	1 人（2%）
10 001～20 000	12 人（19%）
20 001～30 000	9 人（14%）
30 001～40 000	13 人（20%）
40 001～50 000	9 人（14%）
50 001～60 000	7 人（11%）
60 001～70 000	3 人（5%）
70 001～80 000	2 人（3%）
80 001～90 000	1 人（2%）
90 001～100 000	2 人（3%）
100 001～110 000	0 人
110 001 及以上	2 人（3%）

❷ 9 位御宅族社会人士的回答：

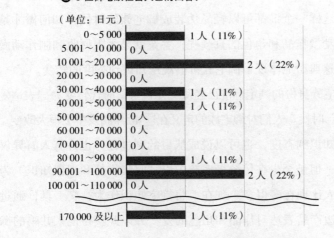

（单位：日元）

0～5 000	1 人（11%）
5 001～10 000	0 人
10 001～20 000	2 人（22%）
20 001～30 000	0 人
30 001～40 000	1 人（11%）
40 001～50 000	1 人（11%）
50 001～60 000	0 人
60 001～70 000	0 人
70 001～80 000	0 人
80 001～90 000	1 人（11%）
90 001～100 000	2 人（22%）
100 001～110 000	0 人
170 000 及以上	1 人（11%）

图 2-4　你每个月可以自由支配的钱有多少？

网络的爆发式发展和高速网络基础设施的逐渐完备，使人们能够"无论何时都可以免费获取信息"和"无论何时都可以免费观看作品（即使它们是非法的）"。因此，那些让传统御宅族引以为傲的"博学多识""拥有大量动画 DVD""看过以前播放过的名作"的价值一落千丈。

第一章中曾提过，最近的新趋势"伪宅出现了"。举个例子，从小学一直到高中都喜欢足球的体育系男生，在进入大学后突然宣布自己喜欢动漫。这样的事情应该与完备的网络基础设施建成后，人们能够轻易地获得信息并观看口碑好的人气作品有关。这是一个无须花费多少金钱和时间，上上网，临阵磨枪，就可以自称为"（伪）御宅族"的时代（见图 2-5）。

在这样一个谁都可以轻易伪装成御宅族的时代，如何做才是表达对动漫作品和角色的真爱呢？答案就是无限回收和制作动漫周边。这典型地体现了御宅族价值观从知识到态度的转变。

御宅族身份的判定标准已经从"知识量"时代转变为"表达爱的态度"时代。人们对御宅族的定义在这 40 年间发生了很大改变。

从知识到态度，也可以说成从目的到过程。也许有人有异议或反对，但是至少在传统御宅族中以"收集物品和积累知识"为目的的人比现在多得多。现在，将御宅知识作为社交工具，通过创作周边产品表达对作品和角色的爱，并以此获得他人共鸣的御宅族增多了。他们与以拥有物品和获得完整知识为目的的前几代御宅族不同，也可以说他们是在享受"过程"本身。

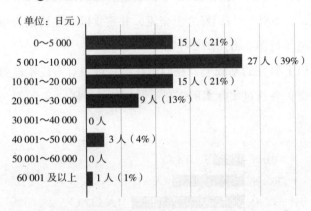

❶ 70 位御宅族大学生的回答：

（单位：日元）

- 0～5 000　　　　15 人（21%）
- 5 001～10 000　　27 人（39%）
- 10 001～20 000　15 人（21%）
- 20 001～30 000　9 人（13%）
- 30 001～40 000　0 人
- 40 001～50 000　3 人（4%）
- 50 001～60 000　0 人
- 60 001 及以上　1 人（1%）

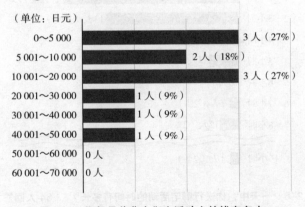

❷ 11 位御宅族社会人士的回答：

（单位：日元）

- 0～5 000　　　　3 人（27%）
- 5 001～10 000　　2 人（18%）
- 10 001～20 000　3 人（27%）
- 20 001～30 000　1 人（9%）
- 30 001～40 000　1 人（9%）
- 40 001～50 000　1 人（9%）
- 50 001～60 000　0 人
- 60 001～70 000　0 人

图 2-5　你每月花费在御宅活动上的钱有多少？

第四代御宅族是没有目的（目标）的，因为他们是在享受做御宅族的每一天。他们的日常生活就是参加音乐会、cosplay，无限回收，在 SNS 上与同好之士交流，并建立以御宅话题为纽带的朋友关系（见图 2-6、图 2-7）。

在以上研究的基础上，我们将在第三章中对当代年轻御宅族进行分类，并通过实际案例探究他们各自的特征。

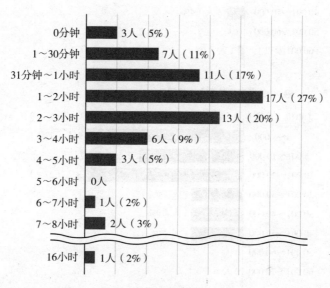

图 2-6 一天中，你进行御宅活动的时间有多长？（64 人回答）

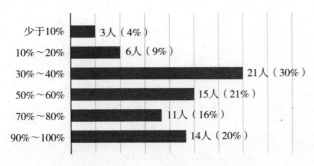

图 2-7 御宅活动所花费的时间占业余时间的比例是多少？（70 人回答）

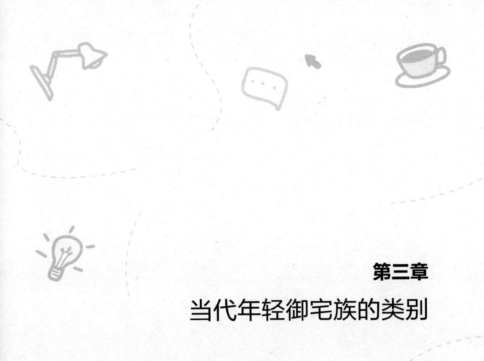

第三章

当代年轻御宅族的类别

御宅族新生代

　　首先请看图 3-1。在写作本书前，我们对 1 000 多名 17 岁到 27 岁的年轻御宅族做了调查，根据调查结果形成了当代年轻御宅族（第四代御宅族）分类图。之后，我们将对每个类别的御宅族进行详细说明，请先从整体上掌握他们的分类。

　　这个分类图横轴的左边是社交型，右边是非社交型。然而，本书所说的"社交"不仅限于御宅族之间的交流，而且指不论性别的各种人际关系和交际沟通能力等综合能力。也就是说，位于分类图左边的御宅族是以御宅族之间的交流为主，而位于分类图右边的御宅族也会与非御宅族进行广泛的交流。

　　分类图的纵轴显示的是对非御宅族朋友或大众公开还是隐瞒自己是御宅族的事实。最容易的公开方式，就是在向不是御宅族以外的人做自我介绍时说"我是 ×× 御宅族"。其他方式包括：在与非御宅族朋友唱卡拉 OK 时唱动画歌曲，在公开的推特账号上发布御宅话题，在脸书上公开 cosplay 的照片，在日常使用的书包或手机上用动漫周边等装饰。

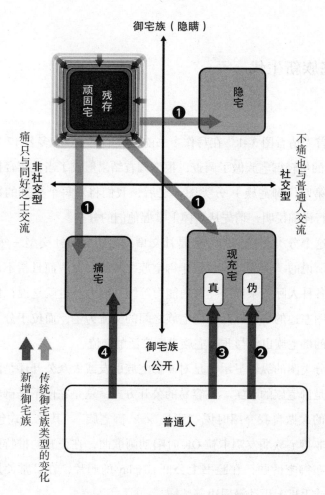

图 3-1 当代年轻御宅族分类图

SNS 流行引发的三种御宅族类型

直到第二代御宅族，大多数御宅族都还停留在分类图的左上角。但是随着手机和 SNS 的普及，年轻人的交际网明显扩大，由此御宅族也演化出了三种不同的类型，即"隐宅"、现充宅和"痛宅"。

首先解释一下 SNS。2005 年开始，各种 SNS 快速普及，使人们的交际范围超越了学校和地域、兴趣与志向。无论你希望与否，SNS 都将人与人以一种半强制的方式联系在一起（见图 3-2）。

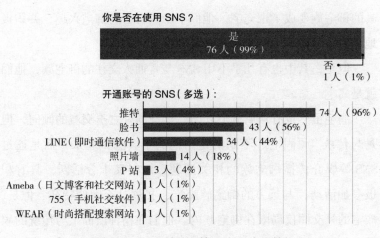

你是否在使用 SNS？

是
76 人（99%）

否
1 人（1%）

开通账号的 SNS（多选）：

推特 74 人（96%）
脸书 43 人（56%）
LINE（即时通信软件） 34 人（44%）
照片墙 14 人（18%）
P 站 3 人（4%）
Ameba（日文博客和社交网站） 1 人（1%）
755（手机社交软件） 1 人（1%）
WEAR（时尚搭配搜索网站） 1 人（1%）

图 3-2 SNS 的使用情况（77 人回答）

原本御宅族不需要在意御宅族朋友之外的"他人的眼光"，但现在带有御宅族标签的人开始不得不在意外界的看法。除了一些非常有胆量和做足了思想准备的御宅族外，大部分御宅族开始变得不得不在意外界对"自己作为御宅族"的看法。仅限于御宅族朋友间的封闭的社交圈正在被打开，很多御宅族开始与普通人正常交流。从积极的方面来看，"御宅族已经不再需要一直待在封闭的圈子里了"。

与普通人接触更频繁后，对自己的御宅族身份标签感到"害羞""碍事"的御宅族变成了隐宅。正如隐宅的字面意思一样，他们在与普通人的交往中隐瞒了自己的御宅族兴趣。

另外，在与普通人的交往中，将自己的御宅知识作为社交工具的御宅族变成了现充宅。他们不隐瞒自己的御宅兴趣，并积极地将其作为武器，扩展自己的人际关系网。

但是，其中也有几乎不用 SNS 与普通人交往的御宅族，他们就是痛宅。

痛宅虽然也有从属御宅社团，仅与同好之士交流的倾向，但是与传统"顽固宅"不同的是，他们不会隐藏起来，而是通过 SNS 等媒介传播御宅族的相关话题；同时又十分活跃，具有积极参加活动、与远方的御宅族交流、扩展社交圈的特征。但是，痛宅的社交圈仅局限在御宅族内。他们在精神层面上与传统的顽固宅并无不同，但是他们不论性别地扩展人际关系网、提高社交能力，以及其他部分行为都与现充宅相同，却又不能完全地做到和现实充一样，这样的御宅族就是痛宅。

痛宅同时拥有顽固宅的特点和现实充的志向这两种互相矛盾的特征，在非御宅族看来，他们可能是一种"痛苦"的存在（虽然这么说有些刻薄）。因此，在本书中我们将这些人统称为痛宅。

位于御宅族分类图下部的现充宅与痛宅，都会进行表达活动和信息传播。例如，就读于明治大学一年级的 K 太，是一位喜欢动漫和（深度）18 岁以下禁止游戏的现充宅。他在动漫俱乐部（主要播放动画歌曲的俱乐部）做 DJ，每周会听 1 000 多首歌（其中大部分是动画歌曲），他经常出入位于日本川崎的动画歌曲DJ 吧，除了读书和打工以外，他的时间几乎都用在了御宅活动上，不是去动漫俱乐部就是在练习 DJ。

也许有人会惊讶地问："御宅族会做 DJ？"事实上，他上高中时就一直担任学生会会长，非常受女同学欢迎，还被周围的同学称为"女性杀手"（来自他朋友的描述）。可以说，他是御宅族与现实充的混合体。

当然，能动型御宅族并不仅有 DJ，还有利用初音未来等VOCALOID 软件进行作曲的人，发布自己演唱动画歌曲或表演舞蹈视频的人，投稿插画的人，组成乐队演奏动画音乐的人，参加cosplay 并在网上上传自拍照片的人等，其涉及范围非常广泛。

虽然传统御宅族也曾参加同人活动等传播信息的活动，但是现在随着网络和社交媒体的发展，人们不仅能够轻松地发布信息，还能非常直观地感受到对方的反应。

虽然现充宅和痛宅中也有很多匿名发布信息的人，但是御宅族能够真实地出现在公众面前参加活动并表达看法，在过去是很罕见的。虽然这种表现多是面向同好之士的，但通过网络和社交媒体的传播，不可避免地会被其他人看到。其结果就变成了他们对不确定的多数人传达信息。

在若者研举办的针对御宅族新生代的意见交流会上，这种"御宅族的活跃化"在大会之初就曾被提及。这也是在他们的大学里，常常有活跃在 SNS 动态里的御宅族进入大众视野的原因所在。

逐渐接近御宅族的普通人

请着重看一下分类图的最下方。序言中所叙述的"御宅市场正在扩大"的根据就在这里。

现在的御宅市场正随着普通人的御宅化（或者说自称为御宅族/伪宅化，给人感觉有些名不副实）而扩大，换言之，越来越多的普通人正在"接近御宅族"，从而使得御宅市场扩大了。

那么为何普通人正在御宅化呢？主要有以下两个原因。

首先，上面重复提过的御宅知识"作为社交工具的高效性"

被普通人发现并认可，同时也被社会接纳。如果他们仅仅是为了社交才自称为御宅族的，那么他们的御宅知识和经验都必然非常少。因此，他们也会被真正的御宅族非议，并被贴上"伪宅"的标签。这也是分类图中②所标示的过程。

但是，SNS的普及使人们塑造个性变得非常容易，因此即使是伪装，人们也能够在网络或SNS上扮演御宅族。在这次调查中，我们也发现一些人虽然从交流和照片上看起来是御宅族，但实际上我们在对他们进行深度调查之后发现他们只不过是伪宅。

其次，发达的网络可以使人们轻易地、以低价（或者通过非法方式免费）获取动漫相关信息。与二三十年前相比，即使是数十年前的动画名作或绝版漫画，人们也能在网站上或网店里轻松地找到。从前需要牺牲普通人的生活方式，而且要花费大量金钱和时间才能获得的信息或体验，现在只需要花一点儿钱和付出一些精力就能够轻易享受。这就是分类图中③所标示的过程。他们本来都是普通人，原本就能够与他人进行无障碍沟通，因此这些人就变成了现充宅。

③的过程只是一个分支，而④的过程则具有一定的特殊性。想要尽快交到朋友的人，看准特定的御宅族团体或社团，通过表达"喜欢××作品"和临阵磨枪，积累一些临时的御宅知识和肤浅的经验，就能达到加入该团体的目的。

虽然④的过程中的大多数事例都是以"想交朋友"为原始诉求的，但是也存在以接近团体内的异性为目的的例子。若者研的年轻人为我们提供了一些颇有意思的信息：被称为"宅圈公主"和"团队粉碎机"的女性中也有这样的人。我们在后面会详细分析。

这样看来，图3-1中①的过程代表传统御宅族（顽固宅）的形态变化，②～④的过程是御宅族数量的净增长。虽然①的过程导致了传统御宅族数量减少，但②～④过程中的流入人数却是净增长的。因此，御宅族整体人数的增长带动了御宅市场的扩大。我们可以这样认为，御宅族人数净增长的态势既弥补了御宅族个体消费降低对市场的影响，又促进了整体御宅市场的增长。

现充宅（真）：混合型年轻人

现充宅，虽然是御宅族，但是具有较高的与非御宅族交往的能力、与异性恋爱的经历，参加御宅活动的同时也参加体育类活动，经常出入俱乐部，并且积极地参加大规模酒会和派对等群体活动。其中具有相当高水平的御宅知识和经验的人，本书称之为"真正（真实、认真）的现充宅"，而几乎没有御宅知识的人，本书称之为"伪装的现充宅"。

在现充宅看来，自己的御宅族身份是个性的重要组成部分，因此他们不会对普通人隐瞒自己的御宅族身份。同时，他们会将在俱乐部或"女子会"、派对上拍摄的现实充式的自拍照，发布在推特、脸书、照片墙等各种 SNS 上。

他们装扮的特征之一就是时尚。虽然以前人们对御宅族着装的印象是"土气的"，但是现在出现了比普通年轻人时尚品位更高的现充宅。对当代现充宅，人们越来越无法从外表上判断他们是否是御宅族了（见图 3-3、图 3-4）。

例如，来自日本仙台青山学院大学的 A 君（21 岁）是一位漫画·动漫·游戏宅。他在仙台的御宅族朋友很少，却在东京尽情地享受御宅生活。他经常出入位于涩谷的大学附近的动漫商店 MANDARAKE，他的 iPhone（苹果手机）壳是 PC 游戏（单机游戏）《魔法使之夜》的周边产品，他的芝宝（ZIPPO）打火机是动漫《向阳素描》的周边产品，他的房间里堆放着大量手办、漫画、人物 T 恤等（见图 3-5）。

他还在大学担任足球社团的委员，非常在意自己的穿着打扮，甚至每个月在服装上的开销高达 40 000 日元。传统御宅族可能会感叹道："如果有 40 000 日元，花在御宅活动上多好啊！"但是对于 A 君来说，这是他维持广泛人际关系的必要支出，这 40 000 日元是必不可少的。

从外表上看，他确实是一名非常利落、时尚的青年，与传统御宅族给人们留下的印象相去甚远（图 1 中有他的照片）。

图 3-3　现充宅男性

身着粉色或淡蓝色等
柔色系服装

自然的烫发

可爱系

拥有多个推特
账号且内容
差异很大

高腰碎花
连衣裙

必须有御宅商
品之外的首饰！

总而言之喜欢
可爱的人和物

做"痛甲"
（漫画的美甲）后
在SNS上发照片

充分利用SNS
（推特或脸书、
照片墙等）

有男朋友

印有动漫角色的
积分卡

透明
文件夹

小物品上
有御宅族元素

衣服较为暴露

图3-4　现充宅女性

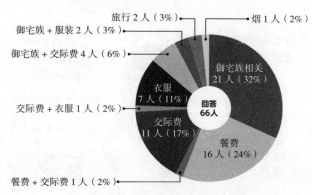

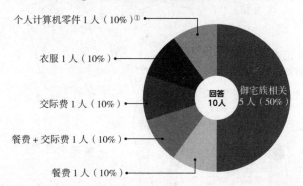

图 3-5 在可以自由支配的金钱中，御宅族消费占比最大的项目是什么？

注：①表示个人计算机宅除外；②+（加号）表示左右两项支出各占一半。

　　住在日本东京都内、在医院从事前台工作的 S 子（22 岁），是一位动漫宅。虽然她在大学毕业后有一些改变，但是据说她在学生时代就看完了所有深夜动画，并且充分利用网上的动画资源或朋友为她拷贝的 DVD，平均每天看三部，每周看 20 部左右的动画作品（见图 3-6）。

　　但是，她又有普通女性的一面，比如"现在想要菲拉格慕的鞋子或者自拍杆"。实际上，她看起来与会参加联谊会的现在 20 多岁的普通女性并无差别。

　　她似乎没有对外自称是御宅族，但这并非是刻意隐瞒，因为她周围的朋友都知道她是个御宅族。她很喜欢动画《无头骑士异闻录 DuRaRaRa》里面的某个男性角色，她的房间里除了印有这个角色的床单外，还有很多其他角色的周边产品、手办、蓝光 DVD 等。另外，她对 cosplay 也颇感兴趣，会与同好之士一起参加活动，享受 cosplay 的乐趣。

　　她也会积极地参加一些与御宅活动毫无关系的"女子会"和酒会、万圣节活动等。在这方面，她与其他普通女性并无差别。

　　我们对她进行了背景调查，S 子的推特账号（无限制）上有很多写着"很可爱""很帅"的动画或艺人的链接或视频。因为她的 SNS 上发布的这些链接或视频对他人是可见的，所以我们认为她有选择容易被认同（较为浅薄）的话题和内容的倾向。

图 3-6　动漫宅 S 子，同时享受 cosplay 和联谊会的乐趣

若者研成员中的某位女性（高"御宅度"动漫宅）在看了 S 子的照片和 SNS 后说了一番有趣的话："她明明是'5 级'腐女，却在 SNS 上只发表一些普通人也容易接受的主流内容，她似乎是想从战略上伪装成'2 级'吧。"确实，在与她交流过后我们发现，比起 SNS 和照片所传达出的随意化的御宅族形象，她真实的"御宅度"应该高很多。本书末尾所收录的座谈会内容也包括她的发言。

这种伪装并非要隐瞒个性，想要随意调整"御宅度"是需要非常好的平衡性的，可以说这是现充宅的一项技能。其实，这难道不是与擅长察言观色的所谓"达观世代"的现代年轻人的特征相一致吗？

与之相反，一部分现充宅也存在刻意增加"现充度"的表现。也就是说，他们虽然"现充度"并不高，但会通过写真等表演出比实际更高的"现充度"。

无论是"腐女度"的级别调整还是刻意表演，御宅族之所以可以随意控制自己的人设（人物设定），毫无疑问 SNS 在其中发挥了重要作用（见图 3-7）。

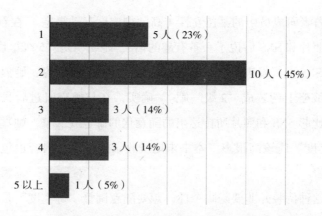

图3-7　你有几个推特账号？（22人回答）

　　如同 S 子那样，女性现充宅大多都"女子力"较高，外表可爱、追求时尚。就读于关西大学四年级的 R 美（23 岁）也是其中之一，她看上去就是一位光彩照人的女性。她曾连续三年担任学园祭执行委员，在社团里也被评为"最可爱的女生"，非常受欢迎。虽然她看起来像是典型的现充宅，但实际上她是一名狂热的杰尼宅（杰尼斯御宅族）。她在中学时喜欢关杰尼∞（日本偶像团体），在大学时迷恋 Sexy Zone（5 人男子偶像团体），不久又迷上了杰尼斯的所有组合（见图3-8）。

　　现在她又喜欢上了小杰尼斯（杰尼斯 Jr.）出演的金井翼的舞台剧《游乐场》（*PLAYZONE*）和堂本光一的舞台剧《无尽的冲击》（*Endless SHOCK*），虽然她住在日本关西地区，但在舞台剧公演的时侯她会特意跑到东京去看演出。

杰尼斯比男朋友更重要

有大量推特账号

固定的姐妹穿搭
（搭配主推色彩的全身穿搭）

自然的妆容

花冠

柔和的发型

演唱会门票

写真团扇

自制团扇
碎花连衣裙

收集写真或杂志剪报

收集偶像的全部周边产品

举办本人不在的生日会

无时无刻不在想着偶像

由于常去各种会场，熟知站名和路线

高度适中的高跟鞋

参加任何活动都会自拍

图3-8　杰尼宅

　　然而，她的朋友们并不都是杰尼宅。她说："我既有很多讨厌杰尼斯的朋友，也有很多喜欢 EXILE（放浪兄弟）的朋友，我属于能和任何人交朋友的类型。但是，大多数女性都有过喜欢杰尼斯的时候，就算她们不是杰尼宅，但只要谈到杰尼斯的话题，大部分女生还是会有共同语言的。"

　　来自东京都内某私立大学的 T 惠，是一位只要走在街头就能吸引所有人目光的外表靓丽的女性。她拥有女明星一般美丽的容貌，身高 170 厘米，穿着时尚。实际上，她的梦想就是成为艺人，并且她正在参加艺人训练所的培训。

　　她也是一位忠实的乙女游戏宅和动漫宅。在她的房间里，她喜欢的游戏（《魔鬼爱人》）或动画（《爱，活着！》《飙速宅男》等）的周边产品堆积如山。iPhone 壳和美甲都是《飙速宅男》里的角色。她每周至少去两次位于新宿西口的游戏中心逛逛，看看是否有新的周边产品上市，一旦发现还没有入手的新品，就会马上去挑战抓娃娃机。

　　另外，她现在还没有男朋友。问她原因，她会给出"我现在正在与《魔鬼爱人》中的 Ayato 君交往"这样幼稚的回答。现在她的生活正被游戏填得满满的。

　　就职于广告公司、工作未满 1 年的 24 岁的 N 夫，也是一位现充宅（见图 3–9）。他曾在初中、高中时加入网球部，大学时代也曾担任校际联赛网球社团的干部。他还有一些被称为派对达人和温和叛逆青年的友人。可以看出，他人际关系广泛，具有很

图3-9　现充宅N夫
（他毕业于京都非常有名的大学，参加网球社团，有许多朋友。但他的家里堆满了动漫周边。）

好的社交技能。

他从初中开始一直到高中都是一位重度 18 岁以下禁止的电脑游戏宅。因为喜欢游戏《洗牌!》(*SHUFFLE!*) 里的角色芙蓉枫，他的房间里堆满了印有她形象的床单、抱枕等周边产品；甚至还与其他御宅族朋友一起为这个虚构的角色举办了生日会。但是，现在他的"御宅度"似乎没有以前那么高了，他在读高三时喜欢上了漫画《香水》(*Perfume*)，兴趣也从游戏转移到了漫画上。据说上高三时他每天都会去网咖。

他在读初三的时候，因为看到游戏里男主角非常容易就能够与女主角发生性关系，所以认为在现实中也是如此（这是他朋友的话）。他曾经有过惨痛的经历：他非常主动地亲近刚开始交往的女生，但终究没有与对方发生性关系，并且交往不到一个月就被甩了。

尽管他过去的"御宅度"很高，但是与他交谈后，你会发现他说话时头脑灵活、条理清晰，与所谓的"御宅族式的说话方式"完全不同，这点令人印象深刻。你会感觉像是看到了学历、社交能力、御宅能力全部优秀的混合型现充宅。顺便提一下，他至今为止有过 4 次恋爱经历，其中 2 次的交往时间都持续了两年左右，另外 2 次交往持续不到一个月就分手了。他与前面提到的 T 惠都参加了本书文末的座谈会。

还有一些外表很有女人味儿的御宅族。E 子（20 岁）是明治大学三年级的学生。她喜欢的服装品牌是 dazzlin。她参加了网球社团，属于自带光芒的女性类型。朋友对她的评价是"她的想法很成熟，非常有人气，无论男女都喜欢她""到目前为止有过许多男朋友"。但也有人评价"她是非常可爱、光彩照人的那种类型，但是休息日的时候她总是一直在看动漫"。据说，她现在的男朋友也知道她是个御宅族。

事实上，她的御宅活动相当丰富，每周最少会看 15 部电视动画。当被问到喜欢的作品时，她能随口说出《我的青春恋爱无语果然有问题》、《妖精的尾巴》(*FAIRY TAIL*)、《漂白》(*BLEACH*)、《元气少女缘结神》、《四月是你的谎言》、《邻座的怪同学》等众多作品。据说她在参加活动时也会打扮成迪士尼公主。

从某种角度来说，她也是平衡感较强的人。她不会将自己的兴趣爱好强加给别人。她高中时代的朋友说："她虽然没有隐瞒自己是御宅族，但当她与非御宅族的朋友在一起时，从来不会主动谈论与动漫有关的话题。只有被问到时，她才会回答。"大概正因如此，她现在才能在大学里也继续这么受欢迎吧。

担任学生会会长或社团干部等，都能够证明现充宅具有较高的社交能力，这样的人不在少数。某私立大学法学部的 S 郎（20岁），他的父母曾远离日本留学，曾经担任该大学 ESS 演讲协会的执行会长，现在担任演讲教练。他在演讲界很有名气，曾参加多个演讲比赛并屡次获奖。

　　他的恋爱经验也很丰富，曾经交往过 7 个女朋友。她们几乎都是在知道他是御宅族的前提下与他展开交往的。他的衣服 80% 都是从优衣库购买的，然而他也曾执着于各种高级名牌外套。据说，那些名牌外套都是由品位高的女朋友们帮他挑选的。

　　他在复读时涉猎了大量轻小说，是以能够去参加 Comike 为梦想而努力学习的动漫宅。他几乎观看了 2011 年到 2012 年播放的所有深夜动画，是一位真正的御宅族。如今他依然保持着每天至少观看 3 个小时动画片的习惯，可以说他是一位对无论是御宅活动还是非御宅活动都全力以赴的复合型选手。

现充宅（伪）：以御宅族为目标的年轻人

　　在现充宅中也有一些没有多少御宅知识（或者说御宅知识几乎为零），却主要把"自己是御宅族"当作社交工具来利用的人。可以说他们是"伪装的现充宅"。但他们也是推动御宅随意化和御宅市场扩大的关键人物，因此从市场的角度来看，可以说他们是非常重要的消费者。

　　他们仅仅搜索了一下当下热门的动漫作品就以"御宅族"自称，也因此经常被资深的高"御宅度"的御宅族揶揄是突然宅。他们喜欢的动画作品通常是《我们仍未知道那天所看见的花的名字》或《爱，活着！》等口碑很好的作品。

一位温柔甜美系的女性去参加了唯一一部她看过的动画作品的原画展，并将此事发布在推特上，然后就开始自称为御宅族。得知此事后，某女性御宅族不禁发出了惊叹。

但是，他们当中很少有人能察觉到自己的伪装。虽然有很多人战略性地利用了御宅族的身份，但其中多数人都是不自觉的。证据就是，他们都是在自认为是"真正的御宅族"的情况下接受了本次调查。

随着网络不断普及和升级，获取作品信息变得更容易，人们能够廉价或免费观看和体验御宅内容，在这样的背景下，伪装的现充宅出现了。也就是说，不需要努力就能够伪装成御宅族，这样的社会背景成为伪宅出现的原因（见图3-10）。

另外，我们也不能忽视御宅族作为一种个性特征逐渐被社会接受的事实。对于伪宅来说，自称御宅族是一种能直接说明自己"喜好和个性"的方式，或许也可以说是一种很好的社交途径。因此，对于他们来说，御宅族的意思变得相当随意。

对于一边说"我是《海贼王》宅"，一边试图接近喜欢漫画的团体的人们来说，"××宅"与"喜欢××"意思上并没有太大差别。只不过他们是为了给自己分类而贴了个"《海贼王》宅"的小标签而已。

图3-10　伪宅

某 20 岁女性御宅族（大学二年级学生）自称喜欢声优。她说她希望被人说"原来在安利美特①也有这样可爱的女生啊"。也就是说，她的自我意识和潜在愿望是向他人展现自己个性上的反差，即"我虽然是御宅族却很可爱"；或许也可以说这表明了她的"伪装度"很高。她喜欢的动漫周边是"看起来时尚的周边产品"，从中我们也可以看出她其实比较在意其他人的看法。

就读于早稻田大学四年级的 N 子（21 岁）已经拿到了某知名媒体公司的聘用通知书，属于绝对的人生赢家。她自称是"《爱，活着！》宅"，然而在做调查时我们发现她的御宅经历只有短短 8 个月。她在大学的研究组里有很多"Love Liver"（喜欢《爱，活着！》的人），她说受他们的影响自己也变成了御宅族。我想她说自己喜欢《爱，活着！》应该不是撒谎，但我们也只能断定，她是为了能更加顺利地与周围的人交往才自称御宅族的。

她是一个乐观开朗的人。初中时她曾参加网球部的啦啦队，一直都是班里的人气偶像。高中时她曾担任足球部经理，而且据说在"如果可以重生，你希望成为的人"的班级评选中，她还曾经被选为第一名，可以说非常光荣。常年排在班级等级最前列的她，可以说与传统御宅族给人留下的印象是完全相反的。

但是时代发生了很大改变，现在已经变成了她所说的"御宅族是褒义词"的时代。她说，"我很羡慕对某件事情非常了解的

① 安利美特，日本最大的动画、漫画、游戏及其周边精品销售连锁店。——编者注

人，经常被电视节目《毒舌纠察队》里喜爱某件事的艺人，非常努力地倾诉他的爱的场景所吸引"。年长的御宅族可能会感觉这话说得有些无趣。若者研成员中的顽固宅也给出了很多听起来比较严厉的评价："这只不过是为了增加好感度的回答""完全是伪宅。她是想借用御宅族的名头来与周围的人搞好关系"。她长得非常漂亮，拥有任何人都会喜欢的美貌，这恐怕也是他们的评价带些酸味的原因。

总而言之，被称为御宅族或以御宅族自称的人中，出现了很多这样的"人生赢家"。这件事本身也是很有意思的。对于那些认为御宅族处于学校等级制度最底层的人来说，令人难以想象的事例会越来越多。

如今，人们不会一生都追随御宅族，也不需要依靠御宅族塑造个性来获得身份认同。御宅族变成了一种也能够随意取舍的消费对象。

曾经若想自称为御宅族，你就必须"有丰富的御宅知识"或"投入足够多的时间"。但是现在你只要自称为御宅族，或者只要决定成为御宅族，就能够成为御宅族。第二章所说的御宅族从知识到态度的转变也包含了这层意思。

顺便说一下，伪装的现充宅与真正的现充宅仅从外表上看，人们几乎无法分辨。要判定真伪御宅族，你必须仔细询问他们在御宅活动上花费了多少金钱和时间、御宅经历有多久，以及了解多少动漫作品知识。

但是在进行了多次调查后，我们发现了一个规律，那就是"伪宅大多喜欢自称御宅族，而真正的现充宅只要不被问就不会自称御宅族"。

以展示个性为第一目的的伪宅，即使不被询问，也会积极地宣称自己是御宅族；与之相对，真正的御宅族并不是以展示个性为目的的，因此并不会刻意透露自己是御宅族。后面将要论述的观点——"隐宅"里面没有伪宅，也证明了这一点。

伪宅大有人在？偶像宅与腐女

伪宅的出现还有一个背景，那就是御宅族范围扩大与性质变化。

在本次调查中，我们发现男性偶像宅里的伪宅比较多。这大概与AKB48或早安少女等顶级偶像群体早已超出"御宅族兴趣"，拥有日本国民级知名度和人气有关（见图3-11）。

曾经，参加偶像演唱会的都是他们忠实的粉丝，也就是御宅族。但是，现在的AKB48和早安少女都是能够出现在电视台黄金时段节目中的主流艺人，甚至是上了《红白歌合战》节目的能够代表"日本艺能界"的偶像。现在"喜欢"她们并不是一种狂热爱好，也算不上御宅族嗜好。

图 3-11　偶像宅

当然，AKB48 和早安少女都有许多资深的御宅族粉丝，而随着她们逐渐变为日本国民偶像，"路人粉"数量可能会达到御宅族粉丝的十倍，甚至数百倍。其中一部分以御宅族自称，于无意识之中成了伪宅。

另外，无论是 AKB48 还是早安少女，这些女性偶像团体都拥有相当数量的女粉丝（忠诚度高的是御宅族）。她们将自己可爱的偶像设定为自己的时尚标杆，因此必然地，她们的可爱度也会比较高。这会带来什么？以接近她们为目的的男性御宅族便出现了。

他们就是所谓的"女宅宅"（以女性御宅族为目标的御宅族）。他们的目的是在偶像活动等场合中进行粉丝交流。他们本来是会出入演唱会的普通偶像宅，但兴趣对象逐渐从偶像转变为女性御宅族。由此，偶像宅中混入了很多对偶像本身热衷度低的人，也就是说御宅族中的伪宅人数增多了。

偶像艺人的国民化和主流化引发了日本御宅界的两大变化。其一，"可爱的女性御宅族"这个御宅族新生代出现了。其二，伪宅增多。这些变化也推进了整体御宅市场的随意化。

隐宅

前面描述了不仅不会对普通人隐瞒，甚至积极地公开自己的御宅族嗜好的御宅族。而隐宅则与之完全相反，他们会对普通人隐瞒自己的御宅族身份。

隐宅的具体表现有："拥有多个推特账号，御宅族账号与普通账号分开使用""即使持有周边产品也不会随身携带""为了普通朋友来家做客时不被发现，周边产品通常都收藏在隐秘的地方，或者在有人到访之前，把它们收拾起来"，等等（见图3-12）。

当被问到为何要对周围的人隐瞒时，他们的回答都大致相同——"因为会引起注意"。虽然御宅族已经得到了一部分日本普通市民的支持，但在书包前面挂上角色徽章，在普通年轻人中依然是一种令人纠结的行为。他们希望避免由于被人关注而影响与不能理解自己御宅兴趣的朋友的关系。

从中我们也能看出传统御宅族与当代年轻御宅族有两点不同。

其一，当代年轻御宅族已经不满足于像传统御宅族那样"只与御宅族朋友交往"。虽然他们与传统御宅族在心境上——"御宅族是内向的"——没什么不同，但他们也会表现出"想与普通人交朋友"的愿望。

图 3-12　隐宅

传统御宅族是做了"要过特殊生活的决定"才走上御宅族道路的；而现在的隐宅是"想当御宅族，同时也想过普通人的生活"。他们追求活在自己的舒适区，而且与各色人群建立关系网，不同类型的朋友之间都没有交集。借用一个带有贬义色彩的词来形容，可以说他们是八面玲珑式的人物。

其二，当今，网络和 SNS 都很发达，无论意愿如何，人们都会不可避免地与拥有多元价值观的人发生联系。对此，他们希望能够找到属于自己的解决方法。

推特和脸书都可以用来和关系并不亲密的人保持联系。在这种情况下，他们在发布御宅内容的账号之外再开通一个面向普通人的账号，就不会引起他人的特别关注，也能避免被其他人随意评论。现在的年轻人同时拥有几个账号，这并不少见。他们将用于工作联系的 SNS 和与朋友等联系的 SNS 分开。同理，隐宅拥有专门的御宅账号也是很自然的事情。

Y 子（18 岁）是一位大学一年级的学生。她至今仍让妈妈帮她买衣服，是一位不太成熟的女生。她在 15 岁的时候邂逅了动画《歌之王子殿下》，之后收集了很多动漫周边。但是在学校里除了极少数人，她从来不会告诉别人自己是御宅族。她在推特上也将主号和交流兴趣的小号分开使用，使用它们的频率基本相同。她"想要对非御宅族隐瞒自己是御宅族的事情，就连被叫作御宅族她都觉得厌恶，她认为自己只不过是喜欢动漫而已"。

就读于日本圣心女子大学二年级的 U 美（20 岁），是一位加入了校际联盟网球社团的杰尼宅。她与异性的恋爱经历为空白。她喜欢偶像团体跳跳、跳团（Hey!Say!JUMP），岚，以及 Kis-My-Ft2。特别是对 Kis-My-Ft2，她参加了自他们出道以来所有演唱会，是他们的超级粉丝。但是她不会对刚认识的人提及她喜欢杰尼斯的事情，只有在判定对方也是杰尼宅的情况下才会表露身份。但是，她似乎也会把自己是杰尼宅的事情告诉认识很久但并非杰尼宅的朋友。

住在东京都内的 14 岁的初三学生 W 子，是一位喜欢《无头骑士异闻录 DuRaRaRa》的动漫宅女士。她参加了学校的手工部，也有许多非御宅族朋友。她的房间里摆放着许多高价买的手办，最近买的最贵的一件是《进击的巨人》手办。她在中学生里可谓是相当狂热的御宅族。

但是，W 子除了关系亲密的朋友，绝不会对其他人透露自己是御宅族。与朋友去唱卡拉 OK 时，她也绝不会唱动画歌曲，而是跟着大家一起唱流行歌曲，比如 AKB48 的歌等。

除此之外还有这样的事例，若者研的成员在接触某位自称是隐藏迪士尼宅的帝京大学三年级的女生（21 岁）时，偶然发现了一个她带锁的推特账号。从头像等信息来看，我们可以推断出她应该是一位相当资深的动漫宅。当若者研的成员再次采访她时，她却否定了我们的推断，之后就再也找不到那个账号了（见图 3-13）。

迪士尼乐园年卡

就算一个人入园
也会在里面遇到朋友

单反相机
把角色和城堡
的照片拍个遍

有表演和巡游时
就算等上几个小
时也要排在最前面

不仅能熟记每年的
活动和地图，甚至连
出演的角色都能记住

利用乘坐电车等
路上的时间听表
演巡游的音乐

几乎不会
玩机动游戏

乐园里贩卖的T恤
相机的挂绳都是
迪士尼的商品

书包上密密麻麻
地挂着玩偶钥匙扣

能完美地跟着
表演跳舞

随身用品都是
迪士尼商品

狂热粉丝甚至
会收集商品
保质期贴纸

图3-13 迪士尼宅

用迪士尼宅这种随意的御宅族类型掩盖资深动漫宅的事实，真是相当巧妙啊！实际上，她在大学里用公开账号频繁发布美食照片或与朋友游玩的照片，给人一种现实充的感觉。

另外，还有"对朋友或女朋友公开，但对父母隐瞒"的21岁动漫·游戏宅男士。对是否会对恋爱对象隐瞒自己是御宅族这个问题，很多有对象的人都说不会隐瞒，而大部分没有对象的人则说"喜欢能够理解自己的人"。虽然也有一些人"对男朋友隐瞒了自己喜欢乙女游戏的事"，或者"由于太热爱自己的兴趣而与男朋友（女朋友）分手了"，但这样的人的数量并不多。

对亲密的人毫无保留，对关系疏远的人则展现另一种人格面具，这种做法并不仅限于御宅族。与上代人相比，在人际交往中拥有更灵活的应变力，是当代年轻人显著的特征。

痛宅

痛宅是由传统御宅族（"残存顽固宅"）发展而来的，他们"几乎只同御宅族同人交往，虽然与普通人的交流很少，但是不会隐瞒自己是御宅族"。曾经内向的顽固宅，为了进入他人视野开始努力参加御宅社团活动，并通过SNS与网络上或远距离的同好之士进行积极的交流。他们虽然本质上仍属于传统的顽固宅，但是具有一部分现实充的倾向。他们是同时拥有顽固宅特征和现充宅志向的人群。他们容易被非御宅族当作一类"痛苦"的人，因此本书称他们为痛宅（见图 3-14）。另外他们还会在"网聚"、御宅族间的信息交换、日常的深度御宅谈话中广泛利用 SNS。

痛宅常驻于推特上，也有在收看电视节目或参加活动时进行实况转播的倾向。他们在对自己的御宅族身份引以为傲的同时，也会流露出希望得到关注的想法。因此，如果有人在 SNS 上给他们留言的话，他们应该会非常高兴地立刻回复。

积极地参加 cosplay，并将信息发布到 SNS 上的御宅族，其中应该有很多痛宅。另外，若者研的成员报告中也提出了一些在大学校园中穿"裙子"的人。这里说的穿"裙子"并非指他们有女装癖好，而是描述一种休闲乐队式或者哥特萝莉风的装扮。

虽然痛宅穿"裙子"的例子有点极端，但是他们并没有隐瞒自己是御宅族的事实，在大学里参加"宅圈"活动或 cosplay 的照片也会通过 SNS 进入普通人的视线，而且他们本来就缺乏与普通人的交流，因此他们并不在意其他人的看法。从这个角度来看，也可以说痛宅是"在传统顽固宅的基础上具备了协作和传播信息能力的人群"。

痛宅的朋友中大部分是与自己爱好相同的御宅族。就读于早稻田大学四年级并兼职补习班讲师的 L 太（22 岁），是一位 18 岁以下禁止的电脑游戏宅。他没有恋爱经历，但喜欢 18 岁以下禁止的电脑游戏的只有男性，因此对于他这种与非御宅族几乎没

布丁形状的
棕色头发

无框眼镜

有动漫角色"妻子"

全身暗色
系衣服

室内派，
因此肤色白皙

属于文化系

恋爱空窗期两年

在附近的理发店
花 1 000 日元
剪头发

郊外的大型服装店
售卖的帅气服装
（英文字母、骷髅、
十字架）

动漫角色
手机壳

动漫角色手机挂件

肥大的牛仔裤
或米色休闲裤

运动鞋

图 3-14　痛宅

有交流的痛宅来说，无法恋爱也许是理所当然的事。

当被问到加入御宅族的契机时，他漫不经心地回答道："我在中学时期觉得与现实中低俗的人类相比，萌系漫画非常美。"在上大学时，他又觉得如果自己加入御宅社团可能视野会变狭窄，因此一度加入了英语社团。但是他说"在那里讨论的都是现实的恋爱话题，自己无法融入，而自己感兴趣的话题又很难说出口"。因此，半年后他就退会了。可以说，这就是痛宅的痛之所在。

就读于早稻田大学二年级并在漫画咖啡店打工的"同人（二次创作）宅"H雄（23岁），是一位在高中时期参加过自行车部的室外派，在复读时迷上了轻小说，从而变成了御宅族。

现在，他醉心于以《东方Project》、《偶像大师》和《舰队收藏》为主题的同人志，但在刚入大学时曾参加乐队社团。因为不能在女生面前谈论动漫或轻小说的话题，他非常不满，所以后来退会了。顺便说一下，他毕业于男子学校。

是否会成为痛宅，虽然与这些人本来的性格有很大关系，但也受到他们喜爱的御宅族对象的影响。例如，在普通人或异性面前谈论18岁以下禁止的电脑游戏，也就是所谓的色情游戏的话题，是需要非常大的勇气的；并且对像二次创作的同人志，你如果不熟悉原作，就很难理解作品的魅力。因此，这样的话题就更难在普通人面前谈论。喜欢这些内容的人，通常只会与同好之士组成固定的团体。

某男性御宅族说："御宅族的话题只有在与同性讨论时才会尽兴，如果有异性在场，我们就很难提起兴致。"确实，男性喜欢的女性角色有多"萌"，只有在同性之间才能引起共鸣。

痛宅与普通人相比社交能力低，也与他们恋爱经验缺乏和高处男率（处女率）有关。喜欢18岁以下禁止的电脑游戏的L太，既没有恋爱经历也没有与女性做爱的经历，H雄也是没有恋爱经历的"素人处男"（只在日本的风俗场所有过性经历）。虽然御宅族之间也会恋爱，但是能否与普通人交流和能否与异性发展为亲密关系这两件事之间不无关系。至少现实是，与现充宅相比，痛宅的异性交往经验更少。

当然，痛宅并非只有男性。喜欢以BL（男同性恋）主题的作品，自称"腐女"的女性大多也属于痛宅。她们从不会将自己的兴趣爱好传授给同好之士以外的人，因此，她们与非御宅族相比显示出社交能力低的倾向。另外，BL是与所谓女子力无法相容的爱好，普通人很难理解，因此她们只能尽量避人耳目，聚集在她们自己的圈子内（见图3-15）。

出身于北海道，曾就读于关西某大学的社会人士M美（23岁），在学生时代曾是一位动画·漫画宅。她每天在家埋头观看动画录像、上网、看书、看电影，是一位彻头彻尾的室内派。由于喜欢《黑子的篮球》等，她还曾作为cosplay扮演者参加过活动。她除了正常上学，还去上专门的声优学校，参加试镜等。

图 3-15 腐女

她说："跟我关系好的人全都是御宅族，大部分是腐女。我从来没有积极地去结识御宅族的朋友。但一般能成为朋友的人几乎都是御宅族。对她们是否是御宅族，我基本上通过她们的说话方式就能够判断出来。"据说，她并不擅长在人前表现自己或者扩展自己的朋友圈。

当她们在电视节目上被定位为腐女或"BL作品"等兴趣本位时，她们会比同样被定位为萌系少女动漫兴趣本位的御宅族男士更愤慨。她们会激愤地说"不懂的话就别管我"。自己可以称自己为腐女，但如果被别人这么称呼，她们就会觉得受到了侮辱，虽然从根本上来说这都是一样的。

宅圈公主与团队粉碎机

2014年11月，某大学被选为校园小姐的女性是一位宅圈公主。当时，这件事在网络上引起了热烈讨论。她公开的个人介绍中写着"兴趣、特长是动漫和现实逃避""参加了校外的御宅社团"。

宅圈公主是对在男性比例高的御宅社团里，被男性御宅族集体宠爱的一个或少数几位女性成员的称呼。她们一般属于痛宅。

从若者研的调查结果来看，她们有以下外表特征（见图3-16）：

图 3-16　宅圈公主

1. 黑头发、齐刘海比例高；

2. 不爱化妆（追求自然朴素？或者单纯对化妆无感？）；

3. 与一般的魅力系、温柔系、艳丽系女性有不同的时尚品位（打扮朴素、甜美萝莉系＋过膝袜、衣服有饰边或蝴蝶结等）。

宅圈公主最重要的特点是，使不善于与女性交往的男性也不会产生警惕，形象单纯无邪。或许也可以说，她们像动漫里的美少女角色那样，首先展现出少女的一面。她们穿着有很多装饰花边和蝴蝶结的衣服，扎着普通成年女性都会敬而远之的双马尾或姬式发，将动漫周边大量装饰在包或手机上。可以说，这些装扮都是为了展示她们的少女性。有时，一些宅圈公主也会用不自然的动画声音说话。

最近上线了一款名为"宅圈公主——我们的公主很精致"的手机 App（应用程序）。这是一款玩家作为社团部长培养"公主"的育成游戏。这个游戏的有趣之处，就是起初长相普通的公主随着级别升高会逐渐变得可爱。

但是，若者研中的某女性成员（自己也是动漫宅）对这款游戏持有异议。她说："宅圈公主并不一定都是可爱的。"她的大学里也有一位有名的宅圈公主。她每天都领着追随在她身边的几名御宅族男生在校园里闲逛。"她的衣服通常是外套加牛仔裤，在同性看来她的打扮非常不时尚。她的长相也会让人觉得'为什么会是她'。她吃午饭的时候，经常被一群御宅族男生围着，当看到那些男生轮流对她公主抱时，我会忍不住起鸡皮疙瘩（笑）。"这位女性成员说道。

宅圈公主在宅圈这种特定的人际关系网内，保持着与男性御宅族（大多是痛宅）的密切联系。因此，她们在分类图中也属于左下角的痛宅，但是宅圈公主里面也有"真"和"伪"之分。

"真"宅圈公主是指本来普通的御宅族女士在加入社团后，由于男女比例失衡问题导致被动地变成宅圈公主的情况。至于"伪"宅圈公主，若者研中的某男性成员给我们做了解释："自知长相普通的女性，如果加入现实充聚集的社团，由于女性之间的激烈竞争而不容易被注意。但是，男性御宅族本来就不善于与女性交流，女性只要跟他们搭话就能让他们感激；并且女性人数越少，她就越容易被重视。"

御宅社团内的男性成员，通常希望能比其他男性更加亲近宅圈公主。而大多数宅圈公主的目的也并非是想在社团成员中找男朋友，而是如字面意思那样，希望被多数男性像"公主一样对待"。

虽然"伪"宅圈公主是有目的的、会耍一些花招的人，但是她们如果能够得到男性成员的认可，就没什么问题。甚至会有男性成员教导刚入社团的宅圈公主，可以说他们是互相需要的。

其实，宅圈公主并不是现在才有的。第一代御宅族高桥信之先生说，20世纪70年代也有过性质相同的情形。"当时加入SF社团或漫画研究会的女性很少，因此无论什么样的女性入会，都会被无条件地给予'二阶级特进'的特权（笑）。在这些社团内，原本只能打 50 分的女性能够拿到 80 分，即使是非常普通的女性也会十分受欢迎。"

　　但是，常常也会产生问题。首先，宅圈公主只有一个人，那么当还有其他女性成员时，这些女性成员就会对这位宅圈公主十分反感。

　　其次，如果宅圈公主想要将某特定的男性成员变成男朋友，当她对这位男性成员特别"宠爱"而被其他男性成员发觉时，那么团队整体的人际关系就会变得岌岌可危。在团队内，由于表露恋爱情感而导致团队毁灭的女性被称为团队粉碎机。

　　团队粉碎机并不仅限于宅圈，也时常出现在大学里的各种社团内。她们的错误会导致大量成员退会，或者发展成由于怨恨所导致的跟踪案件。虽然不是所有宅圈公主都会成为团队粉碎机，但是她们往往引发不平衡的男女关系，从而容易变成滋生问题的温床。

侍奉宅圈公主的两个年轻人

　　事实上，若者研的成员中也有两位与宅圈公主有过亲密关系的男士。

Q太（22岁，工作第一年）与之后从事"地下偶像"活动的宅圈公主有过短时间的恋爱交往。

地下偶像是指以网络或小规模爵士音乐厅为主要活动据点，举办握手会或摄影会与粉丝进行交流的偶像。他们也被称为独立偶像，几乎都未加入大型艺能事务所。

他在高中时期与女朋友相识于 mixi 的论坛上，四位男士和这位唯一的女士举办了网友见面会，其中就有他。她并不是伪宅，了解相当多的动漫知识。

不久，他们就以她为中心组成了一个宅圈，并在动漫卡拉OK厅或成员的家里举办动漫鉴赏会。"她喜欢声优田村由香里，在模仿田村唱歌的时候看起来非常幸福，其他御宅族男士则围在她身边为她捧场。如果他们的反应稍微差一点儿，她马上就会发脾气。"

他一上大学就开始跟她交往。但是，那场恋爱是一场典型的宅圈公主式恋爱。

"在第一次约会时，她就说'我从来不在跟男士一起的时候掏钱包'。原来，她在上高中时就曾是数百人规模的御宅论坛的管理人，被一起参加网友见面会的社会人士和大学生男士宠爱着，时常会有四五个人的'钱包'为她敞开。"

在开始交往不久后，她就在Q太面前毫不遮掩地瞄准了社团中的其他男士。甚至为了让Q太听到，故意与那个男士约定去他家里过夜。

"她大概实在享受把男性玩弄于股掌的乐趣吧。但是她又会用'我只会在你面前透露自己的弱点'这样的话哄骗纯情的男性。幸亏我有过这样的经验，以后不会再上钩了。"

Q太说她的服装"现在想来真土气——全身粉色，大量饰边，过膝袜。她穿的都是面向女性受众的廉价衣服，典型的宅圈公主打扮。但是，当时的我却非常迷恋她"。

这样的女性竟然自我评价很低，或者说她能理性客观地看待自己。"我想她是知道自己在普通的社团里不会受欢迎，因此才投身于宅圈，瞄准了宅圈公主的宝座。她曾经说过'能百分之百拿下御宅族男士'这样的豪言壮语。她会透露各种各样的技巧，比如物以稀为贵、信息不能发太多、不经意的身体接触很重要等。我可能就是这样被她吸引的吧（笑）。"

在若者研的报告会上，听了Q太的发言后，A夫（东京都市大学等等力高等学校，17岁）突然举起了手。他说"我追随过比Q太的宅圈公主更可爱的宅圈公主"。

A夫与宅圈公主的相遇是在高中时期。他们在网上相识，据说，在网友见面会上她一个人身边围绕着12个男士。这些男士的年龄范围甚广，从30多岁的大叔到A夫这样的高中生，他们简直就像她的后宫"妃嫔"一样。

据说A夫虽然在社团中与她的亲密度排在首位，但并没有发展成私下的恋爱关系。"这位宅圈公主是一个具有十足团队粉碎机特质的人，在她周围的御宅族男士们会变得像情敌一样，团队中流传着各种谣言。总之，整个宅圈变得乱七八糟，甚至蔓延到

她的推特上面。后来她舍弃了那个账号落荒而逃。现在，她换了个名字在做地下偶像。"（见图 3-17）

A 夫给我们看了她之前的账号上的照片，果然是黑色头发、双马尾、齐刘海，典型的宅圈公主打扮。

与 Q 太和 A 夫交往过的两位"公主"有一些共同点。

首先，两个人都是真正的御宅族。从推特照片来看，她们都属于长相比较可爱的女士，符合"公主"字面意思，有被当作"公主"崇拜的条件。

其次，她们都是极度黏人的性格。Q 太说，她们强迫男士下载免费通话手机 App，有时会"打电话说一些没头没脑的话，一直能说到凌晨 4 点"。A 夫说："感觉她就是所谓的神经病①，非要让追随她的男性一直夸她可爱。"

再次，Q 太的"公主"和 A 夫的"公主"都从某个时期开始了地下偶像活动。她们通过与喜欢自己的某些特定的狂热男性群体结成相互依存的关系来达到自我满足，而这种女性的终点站可能只有地下偶像这个位置。从她们在网上公开的经过修图的照片和发布的一条又一条用以完美演绎"公主"角色的推特，我们可以窥见她们毫无破绽的自我包装能力。

---

① 所谓的神经病，也就是指"心理有病"的人。在御宅族范畴使用时，它多指过度黏人、过度自恋、自我意识过高的特质。源自"存在于 2 channel（在线社区）的心理健康版块的人"。

图 3-17　侍奉宅圈公主的男人们

在这里插一句题外话，在他们发言的时候，若者研的女性成员们都显得毫无兴趣，甚至一直发呆。我们问了其中一位女性成员（非御宅族）的感想，她只是淡淡地说了一句"完全不能理解宅圈公主的日的是什么"。虽然御宅族整体正在随意化，但是在年轻人中间宅圈公主似乎还是一种痛苦的、极其特殊的存在。

御宅族粉丝化

随着御宅随意化，可以说"御宅族"一词原有的意味也变淡了。具体而言，粉丝与御宅族的界限变得相当模糊。在表述与30岁以上的人所说的粉丝相同的意思时，20岁左右的人越来越多地使用"御宅族"一词。

"亚文化"一词原本指主流文化的对立面，是被独立划分出的领域。但是最近年轻人中出现了将（与体育系相对的）文化领域全部称为亚文化的倾向。这也意味着"御宅族"一词原有意思的淡化。御宅族、亚文化曾经用来表达一部分人的思想态度，以及对自己生存方式做出的选择，但随着词义的淡化和概念范围的扩大，它们的意义一下子变轻（随意化）了。

"御宅族"一词不再意味着生存方式，而仅仅代表一种个性。如果是这样的话，御宅族就如同衣服或首饰一样可以频繁地被

"穿脱"。事实证明确实如此，我们在选取的御宅族样本中看到了很多御宅族"毕业"或"回归"的事例。例如，"有些人一直到高中时都是御宅族，但进入大学之后发现周围没有可以一起讨论有关动漫话题的人，于是自己就离开了"，"一些人在高中时上的是女子高中，因此 BL 的话题总是很热门，但在大学交到男朋友后，就对那些话题失去了兴趣"，"一些人在上中学时对动漫非常着迷，但所读的高中是一所追求高升学率的学校，因此一度远离了动漫，但在进入大学后又变成了御宅族"，等等。特别是在毕业于女子高中的御宅族中，御宅族"毕业"或"在大学淡化"的例子很多，让人印象深刻。

也就是说，在某时段所处的团体中，如果御宅族人设能让自己感到舒适，他们就穿上御宅族的外衣；如果团体成员对御宅话题并不太感兴趣，他们就把它脱掉。御宅族只不过是一种灵活而又现实的生活方式（见图 3-18）。

在传统御宅族中，大概不会有"放弃"还是"不放弃"当御宅族的讨论。当然，他们也会有"最近的动漫很无趣，所以不看了"，或者"因为有家庭了，所以不再像从前一样在兴趣上投入过多金钱了"这样的情况，但御宅族放弃当御宅族这件事，应该还是需要下很大决心的。因为一旦放弃，你就会缺失相应时间段内的兴趣领域的潮流体验和知识，并且想要再次弥补它们是很难的。

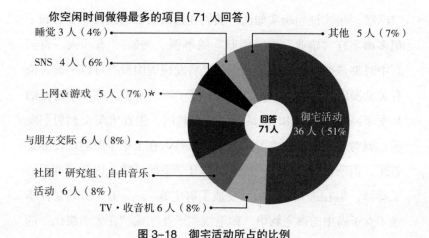

图 3-18　御宅活动所占的比例

注：＊表示游戏宅除外。

　　发达的网络使人们能够弥补遗漏的信息和内容。例如，即使你在高中三年都完全没有接触过动漫，如果你在上大学后想要将这三年的内容补上，这也并非难事。你只要在网上查一遍那三年热门话题作品的信息，看一遍视频，浏览一下活跃的粉丝网站或论坛就可以了。你只要利用电脑或者手机就能完成。但是如果时间退回到 20 年前，你就只能到二手书店购买和阅读往期的动漫杂志，或者从租赁店租借动画视频等，这样一来，你花费的时间和金钱比现在要多得多。

　　御宅族特征的个性化趋势，也使得人们能够更加容易地御宅化或非御宅化。

另外，最近 30 多岁的女性所熟悉的漫画被以各种各样的形式"复刻"，并由此产生了新的消费需求。如前所述，《Ribon》（集英社发行的少女漫画月刊）在庆祝创刊 60 周年之际，通过将过去的人气漫画单篇复刻或赠送新作明信片等手段制造了大量话题。

1992 年至 1997 年在《Nakayoshi》（讲谈社发行的月刊少女漫画杂志）上连载，被改编的动画片也获得了巨大人气的《美少女战士》，几年前也在庆祝其诞生 20 周年之际，与蜜桃派（PEACH JOHN）推出了联名内衣，并发售了多种面向成年女性的商品，比如化妆品等，以此博取更高人气。

《Ribon》和《Nakayoshi》推出的怀旧类商品，并不是仅以御宅族为目标市场的。这体现了现在更开放的社会环境，普通成年人也可以消费动画或漫画商品。如果现在的年轻人能够灵活地"御宅化或非御宅化"，那么，当他们喜欢的人气动漫内容在多年后被复刻时，就像《Ribon》曾经掀起了"怀旧风"一样，这也会成为他们再次御宅化的契机，其中也应该蕴藏着商机。

几近绝迹的残存顽固宅

以上对当代年轻御宅族的特质进行了分析，但是在年轻御宅族中仍有一些人始终延续着传统御宅族的做派，我们可以称之为残存顽固宅（见图 3-19）。他们的形象与第二代御宅族，也就是《电车男》中描写的御宅族形象基本相同——内向，缺乏社交能力，几乎没有对外传播信息的欲望。

但是，残存顽固宅的人数非常少。在这次接受调查的 100 多名年轻御宅族中，残存顽固宅只有两三个人。在社交媒体如此发达，人与人的联系更频繁的当代，完全不在意周围人目光、弃世厌世的御宅族，至少在 20 岁左右的年轻人中几乎不存在了。但电视上播出的幽默短剧中所表现的有个性的顽固宅，在 30 岁以上的人群中仍然大有人在。

接受调查的顽固宅中有一位 27 岁的女士（漫画宅）。她在东京都内某知名大型书店打工，曾有过海外留学经验。她崇拜的人是怪人田中正造（揭发了足尾矿毒事件的日本政治家）。她因为想变成 VOCALOID 虚拟歌姬 Lily（莉莉），所以正在留长发。

另外还有一位对偶像之外的事情毫无兴趣、很少参加社团活动的 18 岁男性偶像宅，他也可以被归类为残存顽固宅。但是，他并非不使用 SNS，因此也不能说他与传统的残存顽固宅完全相同。

不在意周围人的眼光

对发型和服装无感

沉浸在自己的世界里

印有动漫角色
的毛巾

兴趣是收集手办

活着
真开心

扣着书包
前面的扣子

动漫角色 T 恤

恋爱空窗期两年

牛仔裤

在 Comike 买到
的印有动漫
角色的纸袋

舒适却
土气的
运动鞋

图 3-19 顽固宅

　　若者研的成员中也有几位自称"我也许是残存顽固宅"的人，但是通过他们平时协助我工作，进行调查的实际情况来看，他们具有比较高的社交能力，并且与不同学校、不同年龄、不同兴趣的其他若者研成员都能进行交流，甚至还会积极地通过 SNS 收集信息，所以我们还是无法称之为残存顽固宅。现在这个时代，已经很难发现残存顽固宅了。

信息渠道畅通后的地方御宅族

　　曾经居住在地方的御宅族，与住在以东京为首的大城市的御宅族相比在各方面的劣势都很明显，以动漫为例，具体表现在：①动漫商店很少，因此他们很难买到周边产品；②他们无法观看只在东京地区播放的动画；③他们很难去参加以大城市为中心举办的活动或音乐会等。因此，过去，很多地方御宅族为了让自己的御宅活动变得更加充实，会特地跑到东京逛商店或者参加活动。

　　但是，随着网上购物的发展，上述现象①和②正在逐渐消失，动漫商店越来越多，观看动画的方式也更加多样化，比如在视频网站上付费观看，或者利用动画"播出后一周内免费观看"等网络服务。在这种环境下，那些难以当天往返东京等大城市的地方御宅族是什么样呢？（见图 3-20）

住在日本富山县高冈市的社会人士 O 太（25 岁）是一位动漫宅。从岐阜县的某大学毕业后，他又回到家乡高冈市，现就职于当地的一家超市。从岐阜县坐 30 分钟电车就可以到达名古屋，他一度痴迷于 SKE48。据说，他也交往过御宅族的女朋友，但是他们的御宅族爱好并不相同。

他的御宅活动除了在当地的安利美特购买喜欢的声优的音乐会 DVD 之外，还会每半年到访一次东京，在秋叶原的专卖店花五六万日元购买喜欢的声优的音乐会周边。他说："我们生活在地方的御宅族，非常羡慕能收看东京电视台播放的动画的那些人"。

前面提到的痛宅 M 美曾在大阪上大学，大学毕业后住在札幌。当被问到地方与都市的区别时，她说："这里没有安利美特咖啡店（动画·漫画·游戏专卖店、安利美特运营的咖啡店），并且本来北海道播放的动画片就很少，所以我现在变得不怎么看动画片了。"虽然她说现在花在御宅活动上的时间和热情都不如在大阪的时候多，但住在这里"除了网购运费贵之外也没有什么不方便的"。

一方面，一些住在地方的偶像宅说"因为日本的偶像都只在大都市举办音乐会，所以交通费和时间的支出很多"；另一方面，有人说"现在地方偶像活跃有趣的现场活动越来越多，并不是非要去东京不可"。过去几乎不存在地方偶像，因此可以说后者体现了当代御宅族特有的倾向。而认为"在地方能与偶像近距离接触，现场更热闹"，从而奔赴地方的都市偶像宅也频频出现。

晚于其他区域发售的漫画、CD、DVD

日本全国巡演的活动或演唱会，家乡除外

看大量DVD

在家乡电视台没有播放（通过网络或DVD观看）

地方御宅族在秋叶原

无法在家乡公开御宅族身份，因此在这里要打扮成顽固宅

从家乡去城市，既花时间又花钱，因此很少去

花费重金购物

购买只在安利美特秋叶原店销售的周边产品

安利美特的蓝色购物袋

图 3-20 地方御宅族

除此之外，地方御宅族中"痛车"车主（在车身上装饰动漫角色等插画的人）也比较常见。住在都市里的人由于停车费很贵通常不买车，或者全家人共用一辆车，所以因自身喜好要将爱车痛车化就必须得到全家人同意。痛车是人手一车的地方御宅族的特色。

地方御宅族的能量大吗？

鹿儿岛县的鹿儿岛市内有一家售卖动漫·游戏周边及手办、同人用品等的精品店，这里同时开设有咖啡厅。我们针对聚集在该店的客人，也就是鹿儿岛的地方御宅族，进行了采访，调查了他们的日常生活情况，了解了价值观等。接受采访的有 22 岁到 29 岁的男女共 7 人，他们基本上都是动画宅、漫画宅、动画歌曲宅。

首先可以总结为，除了播放动画片的数量和御宅活动少之外，地方御宅族的劣势几乎已经被网络的普及消除了。例如，他们获取信息主要通过频繁地浏览推特或主题网站，这是与日本其他所有御宅族都相同的。另外，仅对该店的客户而言，他们在该店的推特上获取新商品的信息，与其他都市或地方御宅族关注某个御宅团体发布信息的方式并无不同。

鹿儿岛市内销售动漫手办等的店铺在最近四五年间越来越少，他们购买手办的主要方式是提前几个月在网上预订。但是，这种购买方式并不是地方御宅族所特有的，而是现在人们购买手办的常用方式。虽然比起都市御宅族，地方御宅族无法在购买前到实体店欣赏实物，但是人气手办基本上都需要在发售前提前预订。

另外，在该店打工的一位女士（24 岁），曾是"茧居族"的角色扮演者（该店的老板说"有很多从茧居族变成角色扮演者的人"）。她受喜欢 20 世纪 90 年代漫画特集和动漫的父亲的影响，培养了御宅族的素养。她喜欢《偶像大师》，同时也在做动画歌曲 DJ。她也说这几年获得制作 cosplay 服装所需的材料通过网购变得更加容易了。现在即使不住在市中心，她也能通过各种渠道获得所需"物品"。

还有一点，该店的老板说"最近的年轻御宅族中有很多玩乐队的人"。确实，在该店采访到的一位 25 岁的男士就曾是乐队成员。他所属的乐队演奏的曲目大多都是动画歌曲。他说："现在有不少演奏动画歌曲的乐队走红，或者创作的乐曲被动漫公司采用而出道的乐队。"另外，反过来，也有普通的乐队成员因为演奏动画歌曲而成为动漫宅。

其实不仅在地方，第四代御宅族中包含了不少玩乐队的人。以 niconico 动画为代表的表演类网络媒体的诞生是其产生的原因之一。这在以"绝不可能在人们面前表演"为主流价值观的传统御宅族中是没有出现过的。

至此，我们可以看出都市御宅族与地方御宅族之间没有显著的差异。但是，鹿儿岛的某位御宅族男士的话却颇值得玩味。他说："与都市御宅族相比，地方御宅族花费在御宅活动上的时间应该更多。"

居住在都市里的人由于其他娱乐活动较多和人际关系更广，常常同时隶属于多个团体，因此，在御宅活动之外他们也会花时间在其他活动上。与之相对，地方御宅族由于缺少其他娱乐活动，因而会专注在自己的兴趣上，也可以说"现充宅在都市比较多"。人们很容易认为生活在大都市的人能够获得丰富的信息和物品，所以御宅活动会更活跃，但事实似乎并非如此。

代表第四代御宅族的现充宅和伪宅，在人际关系更广的都市更多，而残存顽固宅在地方更多。这种说法确实有一定道理。或许地方御宅族"虽然能够获得信息或内容，但是缺乏御宅活动或现场演唱会这样的实际体验。因此他们的'御宅度'更高，能量也更大"。

如果地方御宅族"能量虽高，但是缺少燃烧能量的场所（大规模现实的御宅活动，可以提供活动所需场所的社团）"，那么能够刺激他们消费欲的服务应该会有很大的市场开发空间。我们将在第四章中探讨今后御宅市场需要怎样的商品和服务。

第四章

未来御宅市场的商品和服务

通过前面的论述，相信你已经了解当今的御宅族与十几二十年前相比已经发生了很大变化。因而，现在御宅市场的消费倾向和趋势也发生了很大改变。

传统御宅族首先购买物品，尽可能多地收集 DVD、书、动漫周边等物品，唯其如此，他们才能实现符合自己御宅族身份的自我满足。

但是最近几年，特别是在 2008 年全球经济危机，雷曼兄弟公司破产之后，年轻人的消费欲望出现了下降，各调查机构的报告中都指明了这一趋势。"年轻人不花钱了"这种说法开始流行，其中也包括御宅族。

但是，年轻人不花钱了，其实仅仅是由于传统的大众市场已经不再适应当代年轻人的消费理念了。年轻人喜好和生活方式的多样化导致我们已经无法再对他们一概而论了——"××岁的年轻人喜欢 ××"。

对于御宅族来说也是如此。一方面，想要物品的人依然存在；另一方面，也有家里没有一张 DVD，没有一本漫画书，却积极地参与活动或音乐会等体验型消费的御宅族。既有希望能够认识同好之士的御宅族，也有不在意内容而追求高效信息收集途径的御宅族。而现在的御宅市场不能充分提供满足他们需求的商品和服务（见图 4-1）。

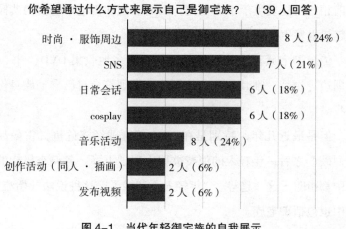

你希望通过什么方式来展示自己是御宅族？（39 人回答）

图 4-1　当代年轻御宅族的自我展示

另外，对新出现的现充宅、伪宅等，市场还未能充分满足。现在，他们迫切需要能够满足他们需求的时尚服饰或他们能够轻松参加的活动等。

同时即使不是御宅族，现在普通年轻人也越来越能够接受带有御宅品位的商品和服务，然而不得不说，现在很多企业对这个领域仍然抱有消极的态度。

　　本章将基于调查样本，对当代年轻御宅族愿意花钱购买的新商品和新服务提出建议。其中既有当今市场已经存在的服务或已迭代的商品，也有全新的建议。其中还有许多对同世代御宅族进行调查的若者研的研究员的提议。请务必在阅读的同时想象一下未来巨大的御宅消费市场。

面向御宅族的社交媒体

　　在调查中，调查对象或若者研的研究员列举最多的服务，就是专门面向御宅族的各种特化 SNS。20 多岁的女性御宅族说道："利用 SNS，她们可以发布 cosplay 时的自拍照或者参加活动时的照片、收集的周边产品的照片——照片墙是面向现实充的，御宅族很难在上面发布这些内容。"可以说他们迫切需要能够代替照片墙的可以发布照片的 SNS。

　　虽然推特和脸书上也可以发布照片，但是有人反映"推特上的照片不能浏览，脸书功能过多且太烦琐"这样的意见。"推特只能通过带锁的隐藏账号来选择关注者，因此，如果有人能在推特系统的基础上开发出具有动漫、游戏、女性专用等主题频道功能的推特 App，那就更好了。"这样的声音也表达了他们希望排除干扰进行纯粹交流的愿望。

对于地方御宅族而言，推特是他们获取信息的重要的非官方渠道。他们只要关注对某个领域非常熟悉的粉丝，有时甚至能够早于官方渠道得到详细信息。从这个角度考虑，比起开发全新的App，在推特的基础上开发具备新功能的 App 应该能够更快普及。并且推特本来就具备第三方利用推特系统进行 App 开发的功能（API/ 应用程序编程接口），因此这些应用程序的开发更具有现实意义（见图 4-2）。

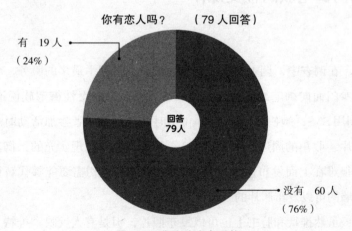

图 4-2　御宅族交友现状

　　推特和脸书都是非常优秀的 SNS，但是它们都是以众多不同爱好者都能使用为前提的，从某种意义上说它们是用户需求最大公约数的结果。因此从现状来看，它们对于御宅族来说有点儿像"隔靴搔痒"。

　　另外，某些男性隐宅也提出了这样的意见：想要具备能在不被周围人发现的前提下拓展御宅族朋友功能的 SNS。他们都拥有几个推特的隐藏账号，扮演与普通账号不同的角色。他们期待能够在每个账号上更加详细地（限定性地）公开信息，并在此基础上结识同好之士的 App 服务。

　　如果具有通过搜索个人简介里的作品名、声优名、插画师名、偶像组合名、艺人名等找到同好之士的功能，那么这样的功能能一定会大受欢迎。

　　即使是隐宅之外的人也期待能有御宅族专用的 SNS。梦想成为艺人的现充宅 T 惠（20 岁）苦恼于周围没有御宅族朋友。她也透露出"自己一个人去参加活动太寂寞了"。如果有能够认识御宅族朋友的 App，那么线下的网友见面会也会更加活跃。如果 App 开发公司能够与位于东京都的咖啡厅合作推出线下见面会的打折券，那么效果应该也不错。

在御宅族的"相席屋"和 App 里认识异性

一般来说，现在的年轻人生活在一个不容易恋爱的时代。虽然现充宅中有不少人有恋爱对象，但对于痛宅或顽固宅来说，与异性关系较为疏远的人不在少数。这从调查结果中也能够反映出来。

当被问到他们理想的恋人时，大多数人回答，"希望是能够理解自己的有御宅兴趣的人""能够享受相同的兴趣爱好，一起参加活动的人"。

人际关系较为狭窄的痛宅，有在所属社团内寻找恋爱对象的倾向。但是他们即使成功找到了彼此，前面也说过在这样小的范围中发展恋爱关系，很容易引发团队粉碎机之类的麻烦。

因此，如果有现在正流行的相席屋的御宅族版，能为御宅族提供恋爱场所，那又会怎么样呢？相席屋是以东京为中心在日本拥有 49 家分店（2015 年 8 月统计）的连锁居酒屋。在这里女士可以享受饮品免费的优惠，男士则可以在开场 30 分钟内享受 1 500 日元的饮品自助。这种相亲形式一时间成了热门话题，相席屋也因此自称为"相亲支援酒吧"。

现在的情况是，相聚在同一家店铺的人中也会有"轻浮的"年轻人，内向的痛宅可能会觉得不舒服。因此，我们建议开设专门面向御宅族的相席屋。

御宅族相席屋内设有播放动画作品的包厢（类似漫画咖啡店的包间）；并且设置漫画区，或可以体验最新游戏或经典游戏的试玩台等。关键在这个环境中，一个人也能玩。客人在进店时填写自己的御宅族类型，或使用会员卡，卡内记录了自己的个人介绍和兴趣爱好等会员信息。当有兴趣相符的异性到来时，客人再转移到包厢席。

在包厢席里，客人可以与兴趣相投的异性一同进餐。店内还会为不擅长聊天的御宅族准备需要团队合作的手机游戏，他们还可以一起阅读推荐的漫画，或者转移到动漫包厢进行深入交流。

重点是要让御宅族通过动漫作品打开话匣子。为此，店内需要备有充足的流行动画 DVD、漫画、游戏等资源。

最近，低价居酒屋的流行也暴露出了它们的经营压力。如果将客户限定于御宅族，经营者可以将店铺转让、重新装修，这也不失为一个解决办法。

在年轻人恋爱难的现状下，饮酒会 App "JION US" 或婚恋交友型 App "Pairs" "Tinder" 等正在流行。交友领域专门针对御宅市场的 App 也值得期待。

适合现充宅的主题咖啡店

作为御宅族交流场所的居酒屋或咖啡店，不需要局限于以认识异性为目的。以动漫等御宅内容为主题的御宅族咖啡店本来就存在很大的市场需求。

现在，秋叶原有高达咖啡店或 AKB48 咖啡馆，东京都内有期间限定的 POKEMON 咖啡店或柯南咖啡店等，它们都颇具人气。但是，御宅族新生代追求的是能够更加随意进出的咖啡店。而现在的这些咖啡店并不能完全满足年轻御宅族的需求。

某位 20 岁出头的御宅族女士说："如果有能够邀请现实充或普通朋友一起去的咖啡厅就更方便了。"的确，如果邀请对高达或 AKB48 不感兴趣的朋友去高达咖啡店或 AKB48 咖啡馆这样的地方，应该是很不合时宜的。即使是在年轻人中很有人气的《爱，活着！》或《新世纪福音战士》，你如果过于展现对它们的动漫喜好，恐怕也会遭受他人非议。

通过社交媒体拓展了人际关系的御宅族新生代并非只与御宅族朋友交往，而是同时拥有许多普通的年轻朋友。他们与非御宅族朋友一起去咖啡厅的情形也很常见，因此，御宅族咖啡店等也变得不再特别强调自己的御宅特色了。

这些地方从外观来看只是普通的时尚咖啡店或酒吧，但店内的装饰风格或标识、餐具或菜单的设计等包含一些动漫元素。这样的店铺，不仅普通人可以随意进出，对于邀请普通朋友一起去的御宅族来说也可以借此讨论相关话题。

作为"场所"的卡拉 OK 包厢

一位若者研的男性成员提出了御宅族卡拉 OK［他想将之命名为"OTAKARA"（御宝）］的想法。近几年，网络卡拉 OK 的动画歌曲或声优歌曲、VOCALOID 歌曲资源已经相当丰富了，对于动漫系的御宅族来说这是他们精神宣泄的场所。而御宅族卡拉 OK 就是在现有基础上进一步专业化的场所。

御宅族卡拉 OK 的最大特点是设有进行 cosplay 的卡拉 OK 包厢，同时具备更衣室、化妆间等设施，并提供服装租借服务。如果御宅族能够装扮成动漫角色歌唱，那么包厢内一定会很有气氛。当然，也应该允许自带服装。

开设在包厢内与其他团体聊天的功能应该也会非常有趣。在终端设备上看到其他包厢唱歌的情形，你如果感觉与自己的爱好一致，就可以向对方发出邀请对话。对话的情景可以显示在屏幕上。你们如果聊得来，就可以相约在包厢内见面，开始面对面地交流。如果是男女组合，包厢就同时具备了提供认识异性的场所功能。

除此之外，还有"所有动画歌曲都应配有动画作品的影像。使用原作影像就能够使现场气氛更加热闹""开设刚出道的声优或niconico动画上知名歌手出席的活动日""提供cosplay折扣或女性（腐女）折扣"等提议。可见，御宅族卡拉OK还有很大的开发空间。

GPS（全球定位系统）连动型活动信息App

调查中，有些人希望能开发出可以查询附近御宅活动信息的App。以动漫为例，App能够按地区或作品进行分类并关联GPS位置信息，提供在附近举办的活动列表，同时能够进行日程管理。如果它还能具备订票或支付功能，那就更好了。

随着网购的发展，现在即使住在偏远地区的人，也能买到曾经"只有秋叶原才有"的商品，秋叶原的"神圣性"也随之变淡。由此导致人们比起商品更加重视真实的活动。尽管还有很多御宅活动只在都市举办，但随着年轻人整体上到都市生活的意愿变淡和地方御宅族人数逐渐增多，在地方举办御宅活动的重要性也就相对提高了。地方御宅族渴望参加活动，而且对于未上大学的御宅族来说，去都市那么远的地方所支付的交通费太高了。因此，地方御宅活动信息就变得越来越重要。

有些御宅族并不在意距离远近，只要是喜欢的作品，再小的活动他们都想参加。在这种情况下，我们还可以开发具有 GPS 功能的游戏 App。这款游戏 App 可以集合日本境内所有御宅活动信息，而且设置一个游戏规则：无论活动规模大小，玩家参加的活动越多得分越高。这样一定会很有意思。如果某些作品的制作方能够与游戏 App 合作推出主题活动，那么忠诚度高的御宅族在该款游戏日本排名榜上可以位居前列，由此满足他们的虚荣心。

2015 年 5 月在秋叶原附近的神田明神（东京都千代田区）举办的"神田祭"与《爱，活着！》制作方合作，推出了《爱，活着！》特别版海报，还在神社内售卖联名甜品，一时间这场活动成为热门话题。这虽然是在都市内举办的活动，但今后在地方举办以当地动漫为题材的联名活动时，想必 App 强大的信息传播能力能够为活动提供很大助力。

另外，2015 年 6 月，《爱，活着！》剧场版《爱，活着！学校偶像电影》上映，成为当时的热点话题，被媒体大量报道。如果当时有利用 App 的 GPS 功能前往各地电影院积攒会员积分的活动企划，那么一定会很有趣。

活动信息 App 可以给动漫作品制作方与用户带来双赢，而且仍会潜藏着各种各样的可能性。

cosplay 便捷化

最近几年，cosplay 已经在社会上取得了相当多日本普通市民的支持。受到东京的年轻人蜂拥参加万圣节活动的影响，cosplay 的难度确实降低了。尽管如此，对于越来越多的现充宅来说，准备 cosplay 的服装确实是一件麻烦事。无论是购买还是动手制作服装，都既花时间又费钱。

如果有"能够素面去参加的 cosplay 活动"，情形又会怎么样呢？这与最近人气较高的不带用具的 BBQ（户外烧烤）拥有同样的创意。也就是说，举办能够为"虽然对 cosplay 很感兴趣但不知道该从何做起"的伪宅，提供服装租借、动漫角色化妆、更衣、沐浴等一条龙服务的活动。

特别是一些动漫角色的妆容类似舞台妆容，需要较高的化妆技术，对于新手来说这很难做到。因此，主办方可以邀请专业化妆师在活动当天到现场工作，这样就能够实现与动漫角色完全相同的面部效果。

这个设想可以进一步放大，"请专业造型师准备 cosplay 服装""请专业发型师设计与角色相同的发型"等服务也能够实现。

某位发型师说："有些明显是御宅族的女士来剪头发，她们会神色紧张地说出一些很有个性的要求，好像是想模仿某个动漫角色的发型。既然如此，如果能有 cosplay 造型店或者动漫爱好者造型店，那么对于她们来说，不就更方便了吗？"

　　的确，如果有类似的造型店，她们只需要简单地说"就像××（动漫角色名）一样"，就能够使发型师立刻明白客户的需求。当然，这也需要发型师具备一定的御宅族素养。

"真正时尚"的御宅族服装

　　在现充宅中呼声最高的是"时尚度高的动漫周边"。虽然现在有许多商家都在销售服装、小商品、文具等动漫周边，但是就服装而言，很多现充宅都心有不满，直言它们"仍然不够时尚"。

　　过去也曾有服饰品牌与动漫作品合作的例子。某位御宅族女士说："以前，《黑子的篮球》曾与女性服饰品牌 earth music & ecology 推出过联名商品，但它们明显都是只有宅圈公主才会穿的衣服（笑）。"

　　从她的话中我们可以听出两点改进建议。其一，与现实充年轻人喜欢的高级品牌合作。与《黑子的篮球》合作的 earth music & ecology 似乎是文化系的普通女性喜欢的品牌。而她希望的品牌是萨曼莎·撒乌萨（Samantha Thavasa）、BEAMS 和 UNITED ARROWS；其他的女性御宅族还列举了 gelato pique 的居家服、蜜桃派的内衣等品牌商品。另外，确实曾有过蜜桃派与《美少女战士》、BEAMS 与偶像组合桃色幸运草 Z 合作的案例。

其二，这种合作并非将角色的头像整个印在衣服上，而是要和谐地融入设计之中。最理想的就是既能够在非御宅族面前当作普通衣服来穿，也能让懂的人一眼就看到重点。

男性御宅族也列举了一些例子，比如点缀有《攻壳机动队》系列标识的双肩背包、印有《新世纪福音战士》的代表颜色（初号机的紫色等）的各种服装等。《新世纪福音战士》的服装周边产品从整体上来看品位很高，这与作品的主流定位相符，并且已经被现充宅接受。

从"懂的人一眼就能看出重点"这个角度出发，有人提出了面向女性隐宅的美甲服务。一位 20 多岁的御宅族女士说："以动漫角色为主题，但一下子让人看不出门道的美甲设计就很好。比如动漫角色的后背编号或者主题色彩等。如果有在电车等公共场所也不会让人感到害羞，但又能向懂的人展示的美甲设计就好了。"

另外，也有人说如果专门有为现充宅在参加运动或聚会时设计的制服也很好。一位若者研的成员说："运动类动漫与耐克的联名款不是很好吗？我认为还有对健身房或室内足球运动衣、健身用品、跑步鞋或登山鞋等的需求"。无论是耐克还是其他品牌，重点是要与有较高价值的品牌合作。

确实，体育用品值得关注。这种在与体育无缘的传统御宅族中不曾出现的崭新需求也值得期待。

御宅族专用网店——跳蚤市场 App

与传统御宅族相比，当代年轻御宅族是非常幸运的，因为他们有丰富的网购市场。随着网络发展和支付手段的进步，人们能够不受地域限制随意购物。不方便在实体店购买的物品，例如面向腐女的 BL 作品的相关商品等，消费者可以通过网购获得。只要利用便利店收货渠道，未成年人就能瞒着父母购买他们想要的商品。

但是，他们仍在追求更加便捷的服务。御宅族专用跳蚤市场（二手买卖）App 就是其中之一。

这是一款与 Mercari（C2C 二手交易平台）相似的可以在手机上轻松买卖商品的 App，其特点是商品交易范畴仅限于御宅商品。这个 App 还应该具备用户能够将页面设计换成自己喜欢的角色主题的功能，哪怕这个功能是付费的。

事实上，现在已经出现了一些御宅商品买卖 App。但是，我们的调查对象指出了它们目前很多不够完善的、需要改进的功能。

第一点，分类不够细。目前的分类有"类型""作品名""声优名""工作人员"等类别。而如果御宅族喜欢的某角色、某机甲也能独立成为一个类别，就更理想了。但是 Mercari 和其他现有的 App 都未能做到如此细分。

第二点，实现绝对匿名。在登录脸书等账号后，个人信息的公开范围令人担忧，特别是隐宅会比较抗拒。周边产品是御宅族对喜爱对象的强烈的爱的表现，他们拥有的抱枕或声优 CD 等周边产品并不少，而且不想被兴趣不同的人发现。因此，App 必须具有封闭的专用账号功能，严格保护个人信息。

第三点，为了将周边产品卖给"真正爱它的人"，App 需要导入"御宅族真伪鉴别系统"。重点是，希望购买某件商品的人必须回答卖家提出的与作品相关的知识问答，只有回答正确者才可以购买。这样既能够达到防止转卖的目的，也能照顾想将珍贵的周边产品卖给真正爱它的人的御宅族的心情。

这就像是为精心养育的孩子挑选寄养家庭的"面试"，其实并不是单纯的经济活动，而是以"爱"为原动力的、能够照顾御宅族心情的创意。

满足御宅族的小任性

除上所述，我们还收集了很多其他的提议和反馈，列举如下：

1. 能够轻松观看偶像现场音乐会视频的付费网站

这是为住在偏远地区、无法频繁到大城市参加现场音乐会的偶像宅提供的服务。网站应该避免复杂的会员制、包月制，重点是让偶像宅感到轻松。观众只要付费就能观看任何现场音乐会视频，这样就能降低观看的门槛。不仅是主流偶像，地方偶像组合或许也能通过这样的服务获得更高人气。

2. Siri 起用声优

Siri 是 iOS（苹果公司的移动操作系统）的声音识别 App。苹果手机 iPhone4S 之后的机型中都自带 Siri，它是用日语提问就会用日语回答的人工声音。我们收到的反馈中有人提议，如果这个声音能引入人气声优的声音就更好了。即使是付费选项，它应该也会有不小的市场需求。

3. 在漫画咖啡店，"老婆叫我起床"

所谓"老婆"主要是动漫宅表达对喜欢的女性角色的所有欲（爱）时的用语。在能够小憩的漫画咖啡店，由打扮成女仆等形象的店员在指定的时间提供叫醒服务。这可以说是非常狂热的嗜好。即使不是在漫画咖啡店，如果在市内的午睡设施设置这样的服务选项，或许能够引起人们的关注。

4. 御宅族房间的改装服务

提供将堆满御宅族周边产品的房间改装得更美观的服务。在房间内巧妙地增加收纳空间或手办陈列架，使房间更具功能性并且更加美观。这个提议源自某位御宅族男士请人打扫房间时丢失了一部分手办的经历。也就是说，接受委托的服务人员应该将理解御宅族的心情作为首要条件。例如根据客户的需求，在地板下设置隐藏的收纳空间，这样隐宅邀请朋友到家里做客时应该会更加方便。

5. 时尚的女性同人志即卖会

现在虽然已经有一些 BL 作品等面向女性的同人志即卖会，但是它们并没有禁止男性参加，规模普遍也较小。而 Comike 等大规模的同人志即卖会通常男性参加者的比例较高，那些不习惯与男性交流的来自女子高中的女性御宅族，常常会对此感到不自在。因此，出现了希望禁止男性入场，并且在时尚整洁的场所举行同人志即卖会的需求。这也能为女性轻宅族创造可以自由参加的即卖会环境。

6. 众筹

众筹是一种通过网络等向不特定的大众募集资金的方式。过去，已经有为动漫作品或面向粉丝的周边产品、非主流作品的DVD 制作等募集资金的成功案例。这种众筹与其说是投资，不如说支持的意味更强。刚出道的偶像或新人声优的粉丝们，为了让他们能够在更大的场馆举办音乐会而成立众筹项目，这似乎也是可行的。粉丝们追求的并非投资收益，而是见证自己培养偶像的过程，因此作为回报，他们的偶像在举办现场音乐会或制作 DVD时写上粉丝的名字等，对于他们来说更具实际意义。

现在除日本外，其他国家也有一些众筹网站，但是每个众筹网站都有他们自己特定的目标市场。因此，如果有专注于御宅市场的众筹网站，同时网站运营方还能提供完善的现场音乐会等运营指导服务，那不是很好吗？

满足伪宅的需求

最后，年轻人还给出了一些有利于伪宅伪装成真正的御宅族的伪宅小贴士。

首先，能够促进"圣地巡礼"的方法。最近媒体常常报道大量御宅族到访动画作品、漫画作品中出现的场所进行"圣地巡礼"。其中《我们仍未知道那天所看见的花的名字》的舞台设定埼玉县秩父市非常有名。因此，在以特定的地点为背景制作漫画或动画的初期阶段，如果能够有意识地插入大量"与在现场拍到的照片有相同构图"的画面，这也是一个不错的方法（见图4-3、图4-4）。

在这次的调查样本中，有人将作品中的一个场景和自己实地拍摄的相同角度的照片发布在推特上，得到了很多人点赞。只有作品的构图画面与手持相机的人能够拍到的照片相同，这种事情才有可能发生。这也许背离了创造精神，但是事先准备好可以用于发布在 SNS 上的实景照片，也为伪宅提供了便利。

这与"说出让人想要引用的名言"是相同的道理。《海贼王》等超人气作品已经证明了这一点。即使是路人粉，只要能说出出场人物的名言，就能显得非常熟悉这部作品。被 matome.naver 网站汇总，或能够被推特轻易引用的内容，也在很大程度上促进了作品的传播。

图 4-3 在新宿御苑模仿 2013 年上映的动画电影《言叶之庭》中的一个场景

图 4-4 对 2013 年开始播放的电视动画《悠哉日常大王》的
舞台设定进行的"圣地巡礼"

　　除此之外，给剧中的出场人物穿上"容易 cosplay，或者现实中容易买到的品牌服装"，也沿用了相同的商业策略。第三章中指出，20 多岁的女性御宅族中出现了时尚的女性御宅族，其背景就是"作品中出场的女主角的服装与过去的动漫作品相比表现得更加细致，角色本身变得更时尚了"，由此也能看出这种策略具有一定的说服力。

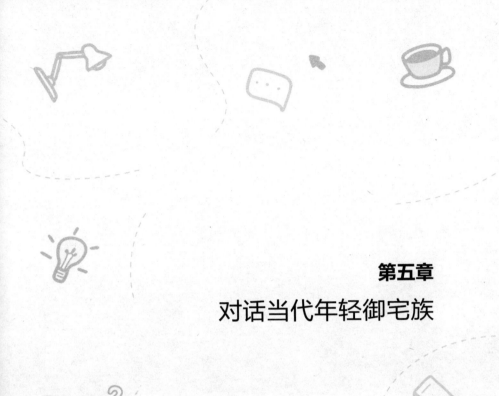

第五章

对话当代年轻御宅族

　　本章收录了我与七位年轻御宅族在座谈会上的谈话。其中有五位男士和两位女士，年龄在 19 岁到 24 岁之间。他们中有五位现充宅和一位隐宅，还有一位残存顽固宅（表 5-1）。他们的穿着打扮都不错，类似《电车男》中御宅族打扮的人一个也没有。

　　总而言之，他们都很善于提问。印象中传统御宅族的"搞不清楚状况就突然发言""只会比拼知识量""喋喋不休"这样的事情，在他们当中也没有发生过。虽然他们当中的现充宅人数比较多，但是也可以说年轻人中间出现了与传统御宅族完全不同的类型。他们不仅会亲切地向缺少御宅知识的人解释，而且休息时也会互相询问个人信息，交换 LINE（即时聊天软件）上的联系方式等，还会在座谈会结束时，一起做出《进击的巨人》中出现的兵团敬礼姿势，并拍照留念。下面就来仔细听一听来自当代年轻御宅族的心声吧。

表 5-1 参加座谈会的御宅族新生代

与会者基本信息	御宅族特征
F 志 男（19 岁） 动漫、同人志宅	隐宅。东京都内某私立大学二年级学生。参加了戏剧社。业余爱好是棒球。恋爱空窗期＝年龄
D 助 男（21 岁） 动漫宅	残存顽固宅。东京都内某私立大学二年级学生。除担任摩托车社团干部外，还在爵士乐社团弹吉他，并加入了网球社团。恋爱空窗期＝年龄。虽然是残存顽固宅，但我们从话语中能看出他有一定的交际能力
S 子 女（24 岁） 动漫、漫画宅	现充宅（真）。步入社会第二年，在东京都内某眼科诊所做前台。有过在同人志上执笔漫画的经历。外形娇小；亮色系头发。被《偶像大师》里的小学生双胞胎姐妹"双海亚美和双海真美"抢走了男朋友
T 惠 女（20 岁） 乙女游戏、动漫宅	现充宅（真）。东京都内某私立大学三年级学生。正在参加艺人培训。修长的模特身材。友善、健谈。恋爱空窗期＝年龄。对现实中的男性不感兴趣（声优除外）
I 郎 男（22 岁） 动画、漫画、游戏、 同人志宅	现充宅（真）。东京都内某私立大学三年级学生。加入了轻音社团、校际联盟活动社团。参加座谈会时没有女朋友，但有过恋爱经历
P 太 男（20 岁） 动画、声优宅	现充宅（真）。东京都内某私立大学三年级学生。加入了广播社。有交往了一年左右的女朋友
N 夫 男（24 岁） 动画、漫画宅	现充宅（真）。就职于东京都内某广告公司。步入社会第一年。在地方的某国立大学上学时参加了网球社团，自己创立了心灵社团。参加座谈会三天前被女朋友甩了

年轻御宅族的生活

原田曜平（以下简称原田）： 首先，能向我介绍一下你们平时的御宅活动吗？

F 志： 动漫是王道。喜欢《偶像大师：灰姑娘女孩》，也喜欢同人志。当看到喜欢的插画师，我会通过他们的名字搜索其他作品。最近喜欢来自中国的插画家曹露。我每个月花费在漫画和同人志上的钱大约有 30 000 日元。

原田： 在同人志的世界里，不只有日本人，也活跃着来自中国的插画师。看来同人志正在步入全球化啊！

F 志：《化物语》的插画就是一位来自中国台湾的插画师画的。但是我认为来自外国的插画师并没有那么普遍。

D 助： 我没有花那么多钱，每个月大概 10 000 日元。我很喜欢前段时间播放的《头文字 D》的无印车卡（First Stage），也喜欢一般动漫宅会看的美少女系列，也会观看面向女性的《歌之王子殿下》，还会看少女漫画。这期（2015 年 4—6 月）喜欢的作品是《山田君与 7 人魔女》和《俺物语！！》。2010 年播放的动画《迷糊餐厅》，现在我还经常看。

原田： 也就是说你会反复观看同一部动画？

D 助： 是的。现在的电视动画主要分为"日常系"，也就是故事性较弱的作品，和故事情节紧凑需要认真欣赏的作品两大类。《迷糊餐厅》属于前者，可以随意翻出来看。如果总是看故事情节紧凑的作品，会很累。

T 惠： 比起看动画，我花在玩乙女游戏上的时间比较多。你们知道《魔鬼爱人》吗？

原田： 魔鬼……什么？

D 助： 女主角被男性痛骂的那个游戏吗？

T 惠： 对（笑）。被超帅的男性骂"这个丑八怪"或"丑死了"，但偶尔也会有温柔的时候。

原田： 这与无法摆脱"DV 男"（家庭暴力）的女性是同样的心理吧。这算是 18 岁以下禁止的游戏吗？

T 惠： 不是。但它确实很卑微。我还喜欢《飙速宅男》里的荒北靖友。虽然他被称为"丑界帅哥"，但我一直在为他"纳贡"。

原田： 原来男性也有"丑界"这种说法啊！那你为他花了多少钱？

T 惠： 我每周会去两次秋叶原或池袋，每个月最少会花30 000 日元吧。有抱枕等高价商品的时候，我可能花得更多。

S 子： 我的御宅族消费是每个月 20 000—30 000 日元。我会买一些喜欢的动画作品的蓝光光碟或者同人志等，比如《无头骑士异闻录 DuRaRaRa》或者《命运之夜》等。虽然说出来有点儿不好意思，但我以前和朋友们一起画过《觉者》（Fate）的同人志，还在 Comike 上售卖过。

Ｉ郎：我也差不多每个月花费 20 000—30 000 日元，主要花在漫画、游戏、同人志、周边产品等方面。有大型活动的时候，我可能会一次花 50 000 日元或 100 000 日元。我买了很多橡胶钥匙链、橡胶手机链等，把它们挂在钥匙或书包上。

原田：你现在喜欢什么动漫作品？

Ｉ郎：我现在应该喜欢电视动画《摇滚都市！》（*SHOW BY ROCK!*）。

原田：你买蓝光光碟看吗？

Ｉ郎：不是。我几乎不买光盘（CD、DVD、蓝光等）。即使买，我也是买二手的。

原田：为什么？

Ｉ郎：一些小物品就能满足我的收集欲。我想要看的时候，租它们来看看就足够了。

原田："收集欲很小"，这大概也是当代年轻人的特征之一。Ｐ太你很喜欢《爱，活着！》，对吧？你会去参加现场音乐会或其他活动吗？

Ｐ太：是的。我会参加粉丝见面会，每个月也会参加一次其他活动。我下下周会去参加声优内田彩的活动。

原田：那么，你的御宅活动的开支岂不是很大吗？

Ｐ太：不，御宅族的前辈会无限期地借钱给我（笑）。我自己的支出每个月不到 5 000 日元。现场音乐会的门票也是前辈抽中了带我去的。

原田：P太，你原来喜欢声优啊！

P太：是的。比起动漫，我更喜欢声优。我会选择观看喜欢的声优配音的动画。我本来就很喜欢听人发出的声音，因此进入广播社团。听最多的时候，可以每周收听大约30个广播节目。

原田：你喜欢的声优是谁？

P太：女性喜欢石原夏织和赤崎千夏；男性喜欢近藤隆和寺岛拓笃。

T惠：近藤隆也给《魔鬼爱人》里的虐待狂吸血鬼配音。

原田：你们两位都很兴奋啊（笑）！能看出来你们是真的喜欢。那么最后N夫你呢？

N夫：因为4月刚刚开始工作，我非常忙，所以最近在动漫上的开支很少。但是在高中和大学时代，我开销大的时候，一个月要花费30 000日元左右。现在的开销只有《爱，活着！》App（《爱，活着！学园偶像祭》）里的费用，大约每个月15 000日元。

原田：可能大家都还比较年轻，我觉得比我想象的要"花得少"。这也许是当代年轻人的特征。但是在社交游戏上每个月花15 000日元，好像也算花得多的。为什么会这么痴迷呢？

N夫：我很喜欢《爱，活着！》，每当观看这部动画时，我就会想起自己的青春岁月，想起上高中时努力参加社团活动的情景。我曾经参加棒球部，大家一起团结一致，为了达成一个目标而努力的样子最棒了！最后三集无论看多少遍，我都会忍不住大哭。

原田：那你在高中时期就是御宅族吗？

N 夫：在那之前，初中三年级的时候，我从朋友那里借了色情游戏《洗牌！》，当时玩得非常痴迷，应该是从那时开始成为御宅族的。在游戏里每当女主人公早上叫起床时，我感觉椅子都要一起飞起来了（笑）。虽然她叫的不是我的名字，但我会在大脑中将它自动切换成自己的名字。当时的学校在大阪的电器街日本桥附近，每天放学后我都会到那里去看周边产品。

原田：什么样的周边产品？

N 夫：现在想起来都是一些没什么用的垫板或者文件夹之类的。我还收集了相当多被称为"布系"的床单和抱枕。本来很想去参加 Comike，但是上高中时很难去东京，因此我还在买手店购买过一些同人志。

我是这样变成御宅族的

原田：也请其他人介绍一下自己成为御宅族的契机吧。

F 志：我在上小学六年级的时候，班级里非常流行轻小说，比如《灼眼的夏娜》等。《死神的歌谣》在女生中也很有人气。

我当时在初中考试组，在学习的空隙会看《灼眼的夏娜》的深夜动画。进入初中之后，班上同学中有很多御宅族，之后考入的高中里也有很多御宅族，我开始与他们一起玩，这应该就是我变成御宅族的契机吧。

原田：成为御宅族不是需要投入一定时间和精力，拥有信息收集能力或专业知识吗？也就是说，在御宅族中有很多"偏差值"高的人吧？

D助：嗯，我觉得会有各种各样的人。我听说 N 夫上的 K 大（偏差值非常高的地方公立大学）里也有很多御宅族，是这样吗？

N夫：并不是。我高中上的是男子高中。班里 85% 以上的人都是御宅族。K 大里的御宅族可能只占不到 30%。

D助：我的高中学校里也有 40%— 50% 的御宅族，但大学（东京都内某私立大学）里的御宅族人数少了很多。大学的校风可能与御宅族无缘。

原田：D 助你变成御宅族的契机是什么？

D助：我在幼儿园和小学阶段就经常看动画，比如《精灵宝可梦》等。之后看每周日早上电视播放的《叮当小魔女》（*Di Gi Charat*）。最初有 PlayStation 的时候，我玩过 RPG（电子角色扮演游戏）《传说系列》。这个系列启用了人气声优为游戏配音，由此我对声优产生了兴趣，并开始参加声优活动。

确认自己的御宅族身份是在我上初一或初二的时候。上初一的时候，周围的御宅族都在看《凉宫春日的忧郁》或《魔法少女奈叶》，我也试着看了一下，发现这些与我之前看的作品都属于同样的类型，由此开始确信自己也是御宅族。

原田：T惠，你呢？

T惠：由于父母工作的关系，我从初一到高二都住在位于中国上海的某国际学校的宿舍里。那时候我开始涉猎恋爱游戏。虽然小学的时候我就曾在电脑上玩过它们，但在宿舍里我用的是PSP（掌上游戏机）或者任天堂DS。从《心跳回忆》开始，我还玩过《网球王子》《王子恋爱中》等。

原田：在那之后，你开始转移到更加激烈的被虐待狂男性痛骂的游戏，对吧（笑）？那S子呢？

S子：我在更小的时候，大概小学一二年级的时候就开始看重播的《幽游白书》。那时候杂志上还在连载同一位作者的作品《全职猎人》（*HUNTER ×HUNTER*），我一下子就迷上它了。如果要说契机的话，这应该就是吧。

I郎：我也说不清自己成为御宅族的契机是什么。被人问到时，我才会想也许是……我最开始喜欢高达是在上小学二三年级的时候。

P太：我非常明确自己成为御宅族的契机。上初二的时候我们重新分了班，当时朋友说《轻音少女》非常好看，你也看看吧。上中学的时候，我完全不喜欢学习，回到家里也无事可做，《轻音少女》正好可以打发时间。于是，我心想那就再看看其他动漫吧，之后就开始看《凉宫春日的忧郁》。

原田：用来打发时间的刚好是动漫？那本来也有可能是其他事情吧？

P太：是的，只不过当时刚好是动漫。

原田：动漫的信息源是谁？

P太：我当时与两个朋友建了一个 LINE 群，其中一个朋友会定期给我们推荐当时好看的动漫。

原田：其他人的信息源是什么？

T惠：我的信息源是推特。因为没有御宅族朋友，我关注了会发布我喜欢作品的周边产品最新信息的账号，无论是它们的官方账号还是非官方账号，以及动漫商店的账号。在看到新品信息后我就会去购买。

F志：我的信息源主要是作品的官方网站。网站上会发布周边产品或活动信息，我会定期浏览这些网站，收集作品的最新信息。

N夫：我会在消息汇总类网站上看到信息后，再去浏览作品的官方网站，这样就可以得到更多独家的信息。

不喜欢伪宅

原田：现在年轻人中间的伪宅越来越多，大家是如何区分的呢？

I 郎：难道不是看他们是否具备一定的御宅知识吗？比如，说喜欢《海贼王》的人不一定是伪宅。但如果能说出第几集的某个角色做了某件事，能够做到这种程度的一定不是伪宅。

D 助：例如，能够流利地说出十个左右的恶魔果实（《海贼王》中出现的果实，把它们吃下去就能具备特殊能力。原作中出现了大约 70 个）。只会说"乔巴好可爱啊"是不行的，他还要能仔细地说出乔巴都做了哪些事情。

P 太：不能只是道听途说或者在网上搜索，他还需要对作品发表自己的见解和看法，这样才能称得上是真正的御宅族。这样的人说出的话才会有趣。

I 郎：当被问到为什么喜欢那部作品时，他不能只说"女主角很可爱"之类的话，还应该能说出她哪里或怎样可爱，这样就能认定他是真御宅族了。

原田：也就是说，如果不能条理清晰地说明作品的魅力，他就不能被称为真正的御宅族，对吧？

T 惠：我以前遇到过一个突然宅，她说喜欢《飙速宅男》，我就跟她聊起里面的角色所上的学校，结果她却说"你说的是什么"。我当时就想，原来她什么也不懂啊。

原田：现在越来越多的女生会觉得，"如果我这么可爱的女生说自己是御宅族的话，那这种反差说不定能增加别人对自己的好感"，所以她们就会自称御宅族。

T 惠：我认识的女生中就有一位只会在男士面前称自己是御宅族的。我很不喜欢她。

I 郎：就我个人而言，我并不觉得御宅族有什么好处，因此我也不能理解那些伪装成御宅族的人。并且这种行为在真正喜欢动漫的人看来，是很不礼貌的。

T 惠：所以，当听到这类突然宅说与我喜欢同样的角色时，我会很不耐烦（笑）。

原田：如果遇到突然宅，你们会怎么样？

I 郎：就瞄一眼，什么也不会说。

原田：突然宅会觉得成为御宅族这件事可以作为一种工具，但在我这代人看来，御宅族或许会有一点儿负面形象，至少是不会成为工具的。

I 郎：这也许是因为宅圈公主得到了一定的社会认可。我觉得好像并没有男性伪宅。

原田：原来宅圈公主并不是真正的御宅族啊？

I 郎：她们都是通过操控男性御宅族而获得快感的家伙。

F 志：但是，偶尔也会有真正的宅圈公主。

原田：要想获得其他御宅族的尊重，除了知识量，他还需要哪些必备条件？

I 郎：我觉得是爱，对特定作品或角色的爱。例如，我有一位朋友每隔 30 分钟就会在推特上发布一次《黄金拼图》里小路绫的图像，这让我很尊敬他（笑）。

N夫：我还给《洗牌！》的女主角办过生日会。

原田：啊？动漫角色的生日会？

N夫：我扮成那个角色的样子，邀请朋友到家里来，大家一起吃蛋糕。

原田：就是说你一个男生穿上女主角的服装吗？

N夫：是的（笑）。我还把印有她画像的抱枕套贴满了房间。

原田：这是一种什么样的心理呢？算是性方面的行为吗？

N夫：与"老婆"一体化的行为吧。这有些像招魂术的感觉，跟性欲没有关系，但气氛会很嗨。

原田：这么说并不是性欲。那确认是爱的行为吗？

N夫：我觉得接近普通人对家人或孩子的感情。

原田：嗯，我也很喜欢我的女儿，但我不会想要变成她。我还是不觉得那算是爱的表现。你的朋友也配合你一起参加了那个仪式，对吧？

N夫：他们觉得我有那么喜欢的人真好。我父母也是这样的想法。

原田：父母！原来你并没有对父母隐瞒你是御宅族，以及举办那个仪式的事啊！真是亲密无间的亲子关系。但是，一般来说，现在无条件支持子女爱好的父母也很多。虽然我觉得完全不考虑孩子想法的父母并不好，但又会觉得现在是不是太过宽容了。其他人呢？你们会对周围的人隐瞒还是公开自己是御宅族的事情呢？

F 志： 我会对很亲密的朋友说，但不会跟刚刚认识的人说。毕竟还是有信奉"为什么要满足于二次元的世界？还是要跟三次元的世界交流吧"这样价值观的人，以及会直接说"恶心"的人。

T 惠： 我从来不会隐瞒。我的美甲也是动漫人物的形象，身上的饰品、用的东西几乎都是动漫周边。

原田： 你是希望大家都知道自己是御宅族吗？

T 惠： 不如说因为我从来不觉得御宅族是一件羞耻的事。

I 郎： 我虽然不会隐瞒，但也不会主动说。谈论到相关话题时，我可能会说"我对此比较了解"之类的话。

N 夫： 我在做自我介绍时都会介绍一下自己的御宅活动。因为那是我自己的一部分。如果现场也有喜欢动漫的人，正好可以借此机会结交朋友。

原田： 看来御宅族分为不会主动说的人和会主动说的人。但是，N 夫你不是喜欢色情游戏吗？这难道不是难以启齿的事吗？

N 夫： 确实，上初中的时候我周围还没有流行色情游戏。因此，当被朋友发现时，我玩的游戏也会被他们抢走玩一会儿。但我属于传教型的，会把周围的人也拉进来。

原田： 色情游戏的"传教士"（笑）。

P 太： 我一开始就会说自己是御宅族。也有人对我说过"恶心"，我自己也觉得御宅族可能有点儿恶心，但是没办法。并且，我觉得自己是御宅族这件事是今后与人建立人际关系时应该公开的信息。如果我现在隐瞒的话，以后被察觉到了，反而可能因此破坏我与他人的关系，那样会很麻烦。因此，我会开诚布公，并且只与能理解我是御宅族的人交往，这样比较轻松。

男朋友被《偶像大师》抢走了！

原田：也许有点难回答，但是大家能介绍下自己的恋爱经历吗？

F志：我没有女朋友的时间等于我自己的年龄。我今后会努力的。

原田：你喜欢什么类型的女生呢？

F志：喜欢家庭型、擅长做饭的人。

原田：你才19岁吧，难道不是最快乐的时候吗？如果想找现实中的女朋友的话，应该顾不上迷恋《偶像大师》（手机游戏）吧？

F志：那是培养偶像的"工作"，与恋爱没有关系啊！

原田：是吗……T惠你长得这么漂亮应该很受欢迎吧？

T惠：谢谢。但是，我对现实中的恋爱不感兴趣。

原田：真的吗？你如果遇到《魔鬼爱人》里的虐待狂帅哥，就不会春心萌动吗？

T惠：是的，不会（笑）。

原田：那如果是声优呢？如果遇到P太喜欢的《魔鬼爱人》里的近藤隆呢？

T惠：那就糟了，应该会晕倒吧。

原田：那与他恋爱呢？

T惠：可以。

原田：你不是对现实中的恋爱不感兴趣吗？

T惠：声优的话，可以（笑）。

S子：《偶像大师》里有一对叫作"双海亚美和双海真美"的小学生双胞胎姐妹。我男朋友非常迷恋她们，他跟我说"我想全心全意地支持亚美和真美，所以我们分手吧"。也许他还有其他真正的原因，但他跟我说的是这个原因，我当时的反应就是"啊？"……

原田：他难道不能一边支持那对双胞胎，一边跟你交往吗？

S子：好像是我在他心里的排名已经大幅下降了……

I郎：这种人很差劲吧。

S子：我当时真的很伤心。据说他现在非常喜欢南条爱乃，正在追她。

原田：有这么可爱的女朋友居然还这样！现实总比虚拟的要好吧。你还在关注前男友的动向吗？

S子：不是，只不过是推特上自己跳出来的信息……

原田：那取消关注就好了啊。对了，你跟他交往的时候一起参加过御宅族活动吗?

S子:是的。我虽然对《偶像大师》完全不感兴趣,但是我们都喜欢《命运之夜》或者《空之境界》这些受大众喜欢的动漫作品,所以会一起买蓝光光碟来看。

原田:那你与他是怎么认识的呢?

S子:他是我朋友的男朋友的朋友。在《黑子的篮球》非常流行的时候,大家一起相约打篮球,他也来了。我们最初只是正常地交换了联系方式。刚好那时候《名侦探柯南》的剧场版上映了,因为我跟他都很喜欢柯南,所以就约好了一起去看。之后,我们又相约一起去他家看柯南的其他电影 DVD。但是,我觉得如果不先表白又没有交往,就在他家里过一晚,确实不太好,所以我就在去他家之前向他表白了。

原田:御宅族男女如果有共同喜欢的动漫,就很容易找到见面的理由。虽然现在的年轻人从整体上看变得很难恋爱,但也许御宅族相对而言还是比较容易恋爱的吧。那么,今后交往的人是不是也是御宅族比较好?

S子:我不这么认为。就算完全不懂动漫也没关系。我之前交往的人中只有他一个御宅族。但是,也许是因为兴趣相同,跟那个人交往的时间是最长的。

原田:D助,你没有恋爱经历吗?

D助:没有,但是我有喜欢的人。我属于一旦喜欢上一个人,就会一直喜欢她的类型。小学时,我喜欢的同年级的女生现在也还喜欢，之后也喜欢在大学里认识的女生。

原田：没有人有女朋友吗？

I郎：我进入大学后没有，但是在高中一年级的时候有过女朋友。

原田：I郎你参加了校际活动社团，在大学里应该会有一些机会吧。

I郎：确实认识女生的机会很多，但都是在有活动的时候短暂相遇。

P太：我有一个交往了一年左右的女朋友，是在广播社团认识她的。

原田：女朋友也是御宅族吗？

P太：不是，她不是御宅族，是一个喜欢开车的普通女生。

原田：你没有对她隐瞒你是御宅族的事吧？有没有被她说"为什么总是看动漫啊"？

P太：没有被说过哦。我们关系挺好的。

N夫：真好啊！我在三天前被交往了三年的女朋友甩了……3月之前我一直在京都的大学，4月开始在东京工作。但是她已经在京都工作三年了，她说想一直这样住在京都。

原田：她也是御宅族吗？

N夫：不，完全不是。但是她会cosplay《魔法少女小圆》。

原田：在当代cosplay已经太普遍了，仅是通过动漫cosplay已经无法判断对方是御宅族还是普通人了。

生活满意度低是理想生活的反面？

原田：如果理想生活满分是 100 分的话，你们给现在的生活打多少分？从我现在的调查结果来看，日本人给出的平均分是 70 分左右。

I 郎：我打 40 分。我现在正在找工作，很焦虑。但是就算能找到期望的工作，我也只能增加 20 分，也就 60 分。坦白说，我无法想像 100 分的状态。

原田：你给的分数很低。如果能做喜欢的事的话，你会不会打更高的分？你没有什么想做的事情吗？

I 郎：我想登上非常高的山，还想穿着哥特萝莉风的衣服走上街头。

F 志：我给 66 分。100 分的状态应该是不劳而获，年收入 1 000 万日元，每天都能进行御宅活动……

原田：这是小学生的幻想吧（笑）。但是，你的分数也很低。

F 志：我希望能有足够多满足兴趣爱好的钱，然后能和更多非御宅族交朋友。现在的朋友都是御宅族，我也想要女朋友。

原田：重点是能边玩边挣钱，对吧。跟我家乡（东京都北区）的后辈中的温和的叛逆青年们说的话一样。

D 助：我打 20 分。因为现在还看不到未来。

原田：你的分数更低啊。但是，你上的是名牌大学，将来就业应该没问题吧？

D 助： 因为我只想做自己喜欢的工作，如果找不到的话，我就不工作。那样的话就变成"尼特族"了，所以我会担心。

原田： 喜欢的工作是指什么？

D 助： 现在还不知道。

原田： 大家是因为理想太高才对生活满意度很低的吗？

T 惠： 我打 30 分。因为我的目标是当艺人，希望能够早些出道。并且，因为没有御宅族朋友，我感到很难过。我不喜欢自己一个人去参加活动。商品首发的时候，我希望能有人一起去排队。

S 子： 我打 80 分。

原田： 只有你给的分数相当高啊。看来你与男朋友分手是正确的。

S 子： 是的。因为他没有工作，所以并不是合适的结婚对象（笑）。之后想想，也会觉得自己当初为什么会喜欢那样的人。

原田： 你的结婚愿望很强烈吗？

S 子： 是啊。我想早点儿结婚。父母也会给我压力。他们会说"我在你这个年纪的时候都订婚了"。也许只有我一个人这么想，但是女性的最终目标不就是结婚吗？所以，如果能结婚的话，我就给 100 分。

原田： 这很像是普通 OL（办公室女职员）所说的话。看来你的目标并不是想要更多参加御宅活动的资金，或者与声优见面。原来结婚才是你最大的目标啊！

　　S子：但是，我也没有去想其他的事情会变成什么样。如果能在夏威夷举办婚礼的话，我觉得就是 120 分了（笑）。我想把照片发在脸书上。

　　原田：你果然是现充宅。

　　P太：我只能给 3 分。

　　原田：这也太低了吧。如果想再增加 97 分的话，你需要做什么？

　　P太：结婚对象和孩子。我的梦想是有了孩子就放弃做御宅族。

　　原田：希望结束御宅族的御宅族（笑）？为什么想放弃做御宅族？

　　P太：御宅族可能对孩子的教育不太好吧。我会担心如果父母是御宅族的话，孩子会不会受欺负。

　　原田：当代社会中，御宅族数量不少，而且还包括伪宅，这应该没问题吧？

　　N夫：我只给 2 分。

　　原田：分数更低了。你不是刚开始工作吗？

　　N夫：我想要挣更多钱并不是为了让自己的生活更丰富，而是为了投资我想要实现的梦想。我希望能让发展中国家的人生活更富足。

　　原田：比如让日本的动漫在发展中国家流行？

N夫： 不是（笑）。比如，缩小他们国家不同人群间的收入差距等。

是什么触碰了当代年轻御宅族的心弦？

原田： 你们认为当代年轻御宅族与传统御宅族有什么不同？

F志： 我认为最大的变化就是年轻御宅族不再向室内派一边倒了。现在四五十岁的人，以前也创作过同人志，在学生时代时应该完全是室内派吧。但是在我们这一代人中，棒球部的第四棒打者也有可能是御宅族，也有同时喜欢《小镇家族》（*CLANNAD*）^①和棒球的人。所以年轻御宅族不再给人忧郁的印象了。

原田： 以前，一个人如果喜欢某件事并且想要钻研下去的话，是需要付出大量的时间和精力的，因此，那时候一边做御宅族一边玩棒球是很难的。现在因为有网络和智能手机，获取信息不需要那么多时间和精力，人们也更容易同时兼顾体育运动和御宅活动了。

---

① 《小镇家族》（*CLANNAD*）是在 2004 年发行的恋爱冒险游戏。2007 年该动画的剧场版上映。2007—2009 年，它被改编为电视动画。

　　l 郎：以前既没有电脑也没有网络，但是我们从记事起就在使用电脑了，而我们的下一代则是一开始就接触智能手机。

　　原田：进入网络时代后，年轻御宅族是不是比传统御宅族的信息量增多了呢？

　　l 郎：是啊。而且在社会上，以前仅针对御宅族的商品开始普及化，这也是一个变化。手机 App 里的电车广告中不是常常使用萌系女子的图案吗？城市振兴的宣传品中也启用了萌系角色。现在，我们已经不会对这些事情感到惊讶了。认为动漫是少数派的观念，在当今的日本不复存在了。我认为，在社会中御宅族信息量增多也表明御宅内容的普及化。

　　原田：原来如此！

　　N 夫：我觉得在当代年轻御宅族心里，与他人交往的难度降低了。例如，将推特的头像设定为某部动漫作品的角色，你很快就能找到喜欢相同作品的人。但是传统御宅族中，就算两人属于同一类御宅族，在现实生活中偶然遇见，大概也要花很长时间才能熟络起来。而年轻御宅族只要谈起推特，马上就能聊得非常起劲。

　　原田：过去，能遇到相同兴趣的御宅族本身就是一件很难的事情。而现在在推特上，这变得非常容易。从这方面来说，推特这个社交媒体对御宅族发挥了很重要的作用。如果兴趣相同，他们就可以在现实生活中见面，并且很容易玩在一起。另外，其实不只是御宅族，现在的年轻人中很多都是通过社交媒体拓展人际关系的。与上一代相比，年轻人整体的社交能力变强了。你们不也是这样吗？虽然你们都是第一次见面，却能很顺利地交流。

N 夫：的确是这样的。大约十年前，我上中学时参加过声优的现场音乐会，当时的粉丝们都是自己一个人去参加的。而今天推特已经普及了，大家会事先与兴趣相同的人约好，七八个人一起去参加活动。

F 志：年长一些的御宅族中喜欢自说自话的人不是很多吗？但年轻御宅族并不会这样，善于倾听的人越来越多了。

原田：这大概与年轻人整体社交能力变强是相通的，御宅族整体的沟通能力从根本上得到了提升。确实，不只御宅族，社会上只会一味自说自话的人中，也是年长的人比年轻人多得多。那么最后，请大家介绍一下自己希望得到的商品或服务。

F 志：我希望有声优的粉丝感谢日。

原田：现在没有这样的活动吗？

F 志：虽然有现场演唱会或者签名会等，但是还没有声优与粉丝进行更多直接交流的活动。另外，如果有作品官方组织的粉丝交流会，我想一定会很有趣，气氛也会很好。现在，这样的活动主要都是粉丝之间自发组织的。

D 助：我希望可以购买到声优叫自己名字的服务软件。虽然以前有过，但是其中没有人气声优的声音。

原田：你那么希望被人叫自己的名字吗？

T 惠：是的！

原田：被虐待狂的吸血鬼叫名字？（笑）

T惠：我的枕头套上有我喜欢的角色。我总是一边看着他，一边听着收录了他声音的"场景CD"入睡。

原田：场景CD？

T惠：帅气的角色用性感的声音低语。例如，"被咬后吸血"这样的场景用声音的形式再现，并被收录在CD中。我总是用耳机听这些CD，常常想如果枕头自带音响就好了。

D助：女性声优也有这样的音频啊，比如用于伴睡的声音等。最开始你会听到远处有人说"我可以进被子里去吗"，然后就能听到她钻进被子的声音；如果听到"我要到后面去啦"，你就会从后面听到声音。同样，还有掏耳朵或者舔耳朵等声音。

原田：还有舔耳朵（笑）？御宅族的想象力真丰富啊。也就是说，你们希望有能够舒适地听这些理想声音的设备是吗？

S子：我希望能改进角色T恤的版型，不仅是印刷的设计。现在大多数T恤版型设计都很土气，都是一些容易大批量生产的设计。

原田：也就是说，如果说传统御宅族只要在T恤上印上喜欢的角色就满足了，那么当代年轻御宅族，特别是现充宅，已经开始在意T恤的印刷和版型设计了。

D助：虽然优衣库常常推出与动画和漫画联名的T恤，但几乎都是主流作品，我希望品牌能推出一些作品类型更丰富的T恤。

原田：看来哪怕价格高一些，你们也希望买到更加有设计感和"御宅度"更高的商品。从优衣库现在的大批量生产的商业模式来看，这似乎很难做到。

I郎：可能有点儿难理解，如果有文化水平更高的人体验了御宅内容，我想御宅族会喜欢这种感觉。

原田：这是什么意思？

I郎：比如，有国宝级的钢琴家弹奏了动画音乐等。之前在"niconico超级会议"上，陆上自卫队的音乐队演奏了动画音乐和VOCALOID音乐，对于御宅族来说，这带给人一种"自己的文化得到了认同"的感觉。本来属于亚文化的御宅族能够得到主流文化大众的认可，这种快感是实实在在的。

原田：原来如此。还有音乐之外的例子吗？

I郎：在札幌的冰雪节上，如果有初音未来的形像，我也会很高兴。从某种意义上说，一直被蔑视的御宅亚文化，如果能够通过传统艺术形式表现出来，那就更好了。它们无论是可以购买的商品还是活动，都可以。"权威的触角正在向我们的亚文化延伸。"与主流文化联合，我很期待这种融合。

原田：原来如此。我认为，正如伪宅和现充宅所表现出来的，御宅文化已经不再像从前的亚文化，正在靠近主流文化。但是现在仍然存在少数派。可是，如果关注御宅族的企业越来越多，你们难道不会担心自己最初引以为傲的东西会成为主流文化的猎物，被主流文化利用吗？

　　I 郎：我认为御宅族会不会被反噬主要取决于御宅族个人的态度。你只要对御宅族有一定的理解和爱，是在深思熟虑后做出的选择，那么它们就一定会带来正面的影响。

　　N 夫：这真的是很微妙的心理啊！御宅族同时拥有希望被认可和希望自己保持独立的思想。这需要你们慎重决择和权衡。

　　原田：在整体御宅市场扩大，包括伪宅在内的御宅族人数不断增加的现状下，各种各样的企业已经不得不将御宅族或御宅族式的创意引入企业经营中。此时，企业最重要的是仔细分析御宅族的心理。如果没有对他们的爱和理解，企业反而可能会在推特上被推上风口浪尖，造成无法想象的后果。可见，御宅市场最需要的就是爱、理解和平衡（见图 5-1）。

图 5-1 座谈会场景
（最后大家摆出漫画《进击的巨人》中兵团敬礼的姿势合影留念。
大家辛苦了！）

后记

　　大约 20 年前，当我还在上男子高中的时候，一天，同班的 Y 君头上缠着绷带高高兴兴地来上学了。

　　平时很安静的几个男生却不知为什么异常兴奋。我和其他大多数男生都不知道发生了什么事，只能看着他们发呆。

　　同样不知所以的老师问他："你头受伤了吗？"他回答："没有受伤。""那就把绷带取下来吧。"老师催促道。但他坚决拒绝。最终的结果是老师强行取下了他头上的绷带……

　　之后我们才明白，原来他的绷带只是在模仿《新世纪福音战士》里的绫波丽。

　　并且，当时 Y 君与他的几个朋友之间常会说"miyamu"这个谜一样的词语。其他多数同学都想象不到他们在对什么暗号或者念什么咒语。而 Y 君他们似乎也并不想让周围的其他人明白他们的暗号。

　　后来我们才知道，原来"miyamu"是对声优宫村优子的爱称。她因为为《新世纪福音战士》的角色惣流·明日香·兰格雷和《名侦探柯南》的远山和叶配音而被熟知，是 20 世纪 90 年代后期的具有代表性的人气声优。

是的，当时的 Y 君和他的朋友都属于本书所说的第二代御宅族。正如其他第二代御宅族一样，他们只会在御宅族朋友之间用只有他们能懂的"暗号"交流。他们不会与朋友之外的人交流"那方面的话题"，所以其他同学完全不能理解他们到底在说什么、为什么笑。

现在，距离 Y 君缠着绷带来上学的事情，已经过去 20 年了。

现在有一些喜欢参加"彩色跑"或者"热波电跑"等时髦活动的女孩子，会将这些现实充照片发布在照片墙上。她们（即使没有被问到）会很开心地主动介绍"我是 ×× 宅"，并展示自己的御宅知识。肉食系的轻浮男性（即使没有被问道）会主动坦白，"我晚上一直在 Youtube 上看动画"。时代已经发生了很大变化。

日本政府也将动漫的海外发展作为"Cool Japan"（魅力日本）文化软实力推广项目的一项重要措施。日本几年前就开始着力于动漫的海外推广。就在我写这篇后记的时候，即将举办"伊势志摩峰会"的三重县志摩市的官方角色，以海女为原型的萌系角色"碧志摩 Megu"的设计被质疑存在蔑视女性的问题，一时间它成为热门话题被媒体争相报道。现在，各类民间团体或民营企业在重建城市或为地方特产、公司产品和服务等做宣传时，开始创作和使用源自御宅文化的萌系角色，它们就像"吉祥物"一样。当今，这样的事已经屡见不鲜了。

我认为我们应该从时代变化中学习到很多经验。

御宅族整体正在变得随意化，现充宅和伪宅的增加带动了整体御宅市场的逐年扩大。这说明现在已经步入"御宅族式的想法"和"御宅族式的感性"能够被普通大众接受的时代。

一直以来，认为"御宅族与自己没有关系"的企业和商人，已经无法再将御宅族的存在和由御宅族产生的文化封闭在狭小的世界里了。他们甚至应该关注"御宅族式的创意"，也许唯其如此，他们才能开发出面向更广泛群体的商品或服务，才能将这些商品和服务卖给更广泛的目标客户。

其实，不仅是日本，我们可以看到全世界都已经察觉到了这样的变化。其中具有代表性的是，每年七八月在美国加利福尼亚州的圣迭戈举办的亚文化·流行文化活动"圣迭戈国际动漫展"。它本来是以漫画、SF、魔幻电影为中心的狂热活动，但是在动漫展上受到关注的电影每年都会成为媒体关注的热点。现在好莱坞的大制作电影和名演员也开始参与这个活动了。

2015 年举办的动漫展的参加人数达到了日均 125 000 人。出演了新蝙蝠侠的本·阿弗莱克和在《X 战警》系列中饰演金刚狼的休·杰克曼等，也参加了这次活动。除此之外，《游戏王》的原著作者高桥和希也受邀参加了活动的专题讨论，受到当地粉丝们的热情接待。

在英语圈中，御宅族又被称为 nerd 或 geek。过去在美国，

nerd 和 geek 比过去日本的御宅族更被认为是 "少数人" "怪人"。但是，现在就像动漫展所体现的那样，连好莱坞也已经不得不重视御宅族的想法和感受，以及他们的信息传播力。

美国和漫画大国日本在世界上都是御宅文化发达的国家。通过本书，大家应该对处于文化前沿的御宅族的真实状态有了一定了解，他们通过社交媒体对普通大众产生了巨大影响。希望本书的内容能够被活用于日本国内市场，为企业的商品和服务进军世界提供一臂之力。

最后，本书是在坚定的团队合作下完成的。在此非常感谢若者研队伍中的年轻人、稻田先生、帮忙进行录音整理的稻田先生的新婚妻子稻田树女士（为二人献上饱含爱意的花束）、编辑宇都宫女士和吉田女士，以及以年轻人的视角为本书制作插图的 Sumire 女士。

另外，还要特别感谢一直以来对博报堂品牌设计研究所提供支持的各界人士，特别是田中广执行委员、宫泽正宪局长、原节子部长、川口真辉先生、福原大介先生、山田聪先生、博伟启吾先生和西本裕纪先生。

最后，我还要将此书献给在本书成书过程中健康出生的我的二女儿。

图书在版编目（CIP）数据

宅族经济：撼动万亿市场的新消费群体 /（日）原田曜平 著；杨雅虹 译 . — 北京：
东方出版社，2020.10
ISBN 978-7-5207-1686-4

Ⅰ.①宅… Ⅱ.①原… ②杨… Ⅲ.①消费市场—研究 Ⅳ.① F713.58

中国版本图书馆 CIP 数据核字（2020）第 174778 号

中文简体字版专有权属东方出版社
著作权合同登记号 图字：01-2020-4896号

宅族经济：撼动万亿市场的新消费群体
（ZHAIZU JINGJI: HANDONG WANYI SHICHANG DE XINXIAOFEI QUNTI）

作　　者：［日］原田曜平
译　　者：杨雅虹
责任编辑：王学彦
出　　版：东方出版社
发　　行：人民东方出版传媒有限公司
地　　址：北京市朝阳区西坝河北里 51 号
邮　　编：100028
印　　刷：北京楠萍印刷有限公司
版　　次：2020 年 10 月第 1 版
印　　次：2020 年 10 月第 1 次印刷
开　　本：880 毫米 ×1230 毫米　1/32
印　　张：6.75
字　　数：110 千字
书　　号：ISBN 978-7-5207-1686-4
定　　价：59.00 元
发行电话：（010）85924663　85924644　85924641